Desde la puesta en marcha hasta el éxito: Lecciones aprendidas en el viaje empresarial

POR

Nora Olivia

Tabla de contenidos

Introducción

9) Arrancando su puesta en marcha: maximizando sus recursos

10) Aprovechamiento de la tecnología: herramientas y recursos para el crecimiento

11) Comercialización de su puesta en marcha: construcción de su marca y base de clientes

12) Estrategias de ventas: cierre de acuerdos y aumento de los ingresos

13) Escalando su negocio: navegando por el crecimiento y la expansión

14) Evitar las trampas empresariales comunes

15) Administración de sus finanzas: elaboración de presupuestos, pronósticos y flujo de caja

16) Gestión eficaz del tiempo: priorización y delegación de tareas

17) Equilibrio entre el trabajo y la vida: cómo mantener su salud y sus relaciones

18) Retribuir: responsabilidad social corporativa y filantropía

19) Preparándose para el futuro: construyendo su estrategia de salida

20) Lecciones aprendidas: reflexiones e ideas de emprendedores exitosos

Introducción:

Embarcarse en el tumultuoso camino del emprendimiento es como adentrarse en una naturaleza indómita, armados con nada más que sueños y un espíritu invariable. Es un viaje plagado de dudas, un cotillón entre triunfos y fracasos, donde el camino hacia el éxito serpentea a través de hogares desconocidos. "De la puesta en marcha al éxito. Asignaciones aprendidas en el viaje empresarial" revela las gemas de sabiduría retiradas, forjadas a través del fuego y forjadas. a través del fracaso que ilumina el camino al triunfo. Únase a nosotros mientras nos adentramos en las historias de brujas de colonos visionarios que se atrevieron a soñar y convirtieron sus humildes lanzamientos en triunfantes historias de logros. Prepárese para una odisea convincente de maniobras estratégicas, determinación sombría y asignaciones inestimables grabadas en el tejido de la historia empresarial. Prepárate para madurar la percepción de aquellos que han soportado la emocionante montaña rusa de convertir los sueños en realidad. Con cada corredor convertido, descubrirás los secretos, los obstáculos y los momentos transformadores que allanaron el camino para su extraordinario éxito. Si usted es un emprendedor en ciernes que busca alivio o un visionario educado que busca nuevas perspectivas, este profundo viaje de descubrimiento lo empoderará para seguir adelante, fortalecido con la sabiduría obtenida de aquellos que han recorrido este emocionante camino antes que usted. El camino al éxito puede ser infiel, pero armado con estas asignaciones inestimables; usted también puede navegar por las aguas desconocidas del espíritu empresarial y embarcarse en su propio viaje de transformación. Con cada corredor convertido, descubrirás los secretos, los obstáculos y los momentos transformadores que allanaron el camino para su extraordinario éxito. Si usted es un emprendedor en ciernes que busca alivio o un visionario educado que busca nuevas perspectivas, este profundo viaje de descubrimiento lo empoderará para seguir adelante, fortalecido con la sabiduría obtenida de aquellos que han recorrido este emocionante camino antes que usted. El camino al éxito puede ser infiel, pero armado con estas asignaciones inestimables; usted también puede navegar por las aguas desconocidas del espíritu empresarial y embarcarse en su propio viaje de transformación. Con cada corredor convertido, descubrirás los secretos, los obstáculos y los momentos transformadores que allanaron el camino para su extraordinario éxito. Si usted es un emprendedor en ciernes que busca alivio o un visionario educado que busca nuevas perspectivas, este profundo viaje de descubrimiento lo empoderará para seguir adelante, fortalecido con la sabiduría obtenida de aquellos que han recorrido este emocionante camino antes que usted. El camino al éxito puede ser infiel, pero armado con estas asignaciones inestimables; usted también puede navegar por las aguas desconocidas del espíritu empresarial y embarcarse en su propio viaje de transformación. este profundo viaje de descubrimiento te permitirá seguir adelante, fortalecido con la sabiduría obtenida de aquellos que han recorrido este emocionante camino antes que tú. El camino al éxito puede ser infiel, pero armado con estas asignaciones inestimables; usted también puede navegar por las aguas desconocidas del espíritu empresarial y embarcarse en su propio viaje de transformación. este profundo viaje de descubrimiento te permitirá seguir adelante, fortalecido con la sabiduría obtenida de aquellos que han recorrido este emocionante camino antes que tú. El camino al éxito puede ser infiel, pero armado con estas asignaciones inestimables; usted también puede navegar por las aguas desconocidas del espíritu empresarial y embarcarse en su propio viaje de transformación.

Capítulo 1

La mentalidad emprendedora: Construyendo una base para el éxito

El camino empresarial es delicado, pero para aquellos que están listos para correr el riesgo y trabajar duro, puede ser extremadamente satisfactorio. Tener la inteligencia correcta es tan importante para el éxito empresarial como tener una gran idea. Este ensayo discutirá el valor de tener un espíritu emprendedor y ofrecerá formas de sentar las bases para el éxito.

¿Qué es exactamente una mentalidad emprendedora?

La inteligencia empresarial es un sistema de permitir que prioriza la creatividad, la invención y evitar trampas. Es la capacidad de detectar posibilidades y convertirlas en apuestas fructíferas. El espíritu empresarial es una mentalidad que se puede adquirir y mejorar con el tiempo; no es un producto básico para todos los empresarios.

La inteligencia empresarial exhibe las siguientes tasas sobresalientes

Los empresarios son aptos para transmitir sus ideas a los demás y tener una idea clara de lo que quieren negociar.

Creatividad Los empresarios pueden resolver problemas de manera creativa y original.

Adaptabilidad iniciar un negocio no es un viaje fácil; por lo tanto, los empresarios deben tener la capacidad de seguir adelante cuando los efectos se vuelven difíciles.

Los empresarios están dispuestos a correr los escollos aconsejados para lograr sus pretensiones.

Ingenio Los empresarios pueden aprovechar al máximo sus fondos y encontrar soluciones creativas a los problemas.

Los empresarios son adaptables y pueden ajustar sus planes según lo requiera la situación.

¿Por qué es importante una mentalidad emprendedora?

Por una variedad de razones, tener una mentalidad emprendedora es esencial.

Los empresarios podrían usarlo para identificar originalmente oportunidades que otros podrían pasar por alto. Al ser creativos e imaginativos, los empresarios pueden producir ideas comerciales únicas que tienen la posibilidad de ser en gran medida exitosas.

Además, contar con una estación emprendedora incentiva a los emprendedores a persistir ante las dificultades. Habrá obstáculos y fracasos al iniciar un negocio. Los empresarios de fuertes inclinaciones son aptos para recuperarse de estos lapsos y continuar con su progreso.

Eventualmente, la capacidad de tomar obstáculos medidos es un beneficio de tener una estación empresarial. La amenaza siempre está presente cuando se inicia un negocio, pero aquellos que pueden estimar y controlar las amenazas tienen una gran posibilidad de éxito.

Cómo desarrollar una mentalidad emprendedora

Después de establecer la importancia de la inteligencia empresarial, veamos algunos estilos para cultivarla.

Produzca una visión clara Crear una visión clara de sus pretensiones es el primer paso para desarrollar una estación empresarial. Esta visión debe ser clara, cuantificable y realizable. Debes poner tu visión escrita donde puedas verla todos los días.

Esté dispuesto a aprender Los empresarios exitosos están constantemente aprendiendo y desarrollándose. Buscan laboriosamente oportunidades para aprender de los demás y no son histéricos para admitir su ignorancia. Venga dedicado a la alfabetización de por vida y busque instructores y otros empresarios exitosos que puedan ofrecerle consejos y respaldo.

Aceptar el fracaso El camino empresarial implica inevitablemente el fracaso. Los emprendedores con una perspectiva positiva ven el fracaso como una oportunidad para aprender y avanzar en lugar de dejar que los desanime. Cuando falle, deténgase y suponga qué salió mal y qué más puede hacer en el futuro.

Tome riesgos razonables Los empresarios exitosos no se arriesgan por descuido. Antes de actuar, estiman los posibles precios y los riesgos implícitos de una elección. Pregúntese cuáles son los posibles beneficios y desventajas de una amenaza antes de hacerlo. Podría valer la pena aceptar la amenaza si los posibles precios sobrepasan las trampas.

Mantenga una estación positiva El desarrollo de la inteligencia empresarial requiere una estación positiva.
Compass, Network, and Unite Los empresarios exitosos temen el valor de establecer conexiones con otros. Buscan oportunidades para conectarse y trabajar junto con otros dueños de negocios, financieros e instructores. Comparta en conferencias y eventos de redes, así como en grupos en línea donde puede conocer a otras personas que participan en sus intereses.
Mantenga su atención La disciplina y la atención son necesarias para hacer un negocio exitoso. Manténgase enfocado en sus objetos y mantenga a raya las distracciones. Asegúrate de hacerte responsable de alcanzar tus objetivos diurnos, diarios y anuales al establecerlos.
Sea ingenioso Los empresarios exitosos son aptos para maximizar sus cofres disponibles. Esto requiere inventiva y dar resultados a problemas con arcas escasas. Busque soluciones asequibles para los problemas y no se avergüence de pedir respaldo cuando lo soporte.

Acepte el cambio El camino empresarial está lleno de divergencias, y los empresarios prósperos son aptos para aclimatarse a las condiciones cambiantes. Sea flexible y prepárese para reorientar su empresa según sea necesario.

Eventualmente, es fundamental festejar y apreciar sus logros. Construir una gran empresa es un viaje, por lo que es fundamental tomarse el tiempo para festejar sus éxitos y regocijarse en su avance.

En conclusión, desarrollar un negocio efectivo requiere una estación emprendedora. Los empresarios pueden sentar una base sólida para el éxito al tener una visión clara, estar abiertos a la alfabetización, aceptar el fracaso, correr riesgos medidos, seguir siendo auspiciosos, trabajar en red y colaborar, mantenerse enfocados, ser ingeniosos, aceptar el cambio y disfrutar del éxito. Ten en cuenta que tener una estación emprendedora es un regalo que se puede adquirir con el tiempo; no es una mercancía con la que se nace. Cualquiera puede tener éxito como empresario con compromiso, problemas y una posición sólida.

Capitulo 2

Identificación de una idea de negocio ganadora

Cambiar la concepción de una empresa exitosa es uno de los aspectos más importantes de iniciar un negocio. Pero puede ser agotador saber por dónde empezar con la cornucopia de druthers

y problemas Veremos algunas ideas y tácticas en esta publicación para crear una concepción de empresa que tenga el potencial de ser exitosa.

Comience con sus intereses y fibras del corazón. Comenzar con sus intereses y fibras del corazón es una de las mejores maneras de encontrar la concepción de una empresa exitosa. Considere cómo puede hacer una empresa exitosa con lo que quiere hacer en su tiempo libre. Por ejemplo, si le encanta la cocina, puede establecer un camión de comida o una empresa de alimentación.

Rompe un problema. Las empresas exitosas constantemente comienzan con un desafío que deben superar. Considere las dificultades y los fastidios que presencia en su propia vida y cómo puede desarrollar un bien o servicio que aborde esos problemas. Por ejemplo, puede establecer un negocio de limpieza si tiene dificultades para mantener su casa ordenada.

Solicitar exploración es fundamental después de tener un concepto en mente para determinar si existe una necesidad para su producto o servicio. Mire las empresas en su campo que son similares a la suya y observe lo que están haciendo bien y cualquier brecha implícita que pueda abordar.

Determine su solicitud de destino Conocer su solicitud de destino es esencial para llegar a un concepto de empresa exitoso. Imagina quién es tu cliente ideal, cuáles son sus condiciones y deseos, y cómo tu producto o servicio puede satisfacer esas demandas.

Examinar la competencia es fundamental tener en cuenta la competencia al elegir un plan de empresa exitoso. Examina lo que tus rivales están haciendo bien y las áreas en las que podrías diferenciarte poco a poco. Supongamos que se puede dar una mercancía diferente o superior a la que se entregó anteriormente.

A la hora de elegir un concepto de empresa de éxito hay que tener en cuenta las finanzas porque iniciar una empresa implica un compromiso fiscal. Considere los costos asociados con la mañana y el mantenimiento de su establecimiento, así como la cantidad de plutócrata que puede anticipar traer.

Pruebe su concepto Es fundamental probar el concepto de su empresa antes de dedicarle mucho tiempo y recursos. Para determinar si existe demanda para su producto o servicio, suponga que comienza con una operación a pequeña escala. Esto puede incluir el desarrollo de un prototipo o la prestación de sus servicios para cerrar mosqueteros y relaciones.

Obtener opiniones es fundamental para potenciar y potenciar la concepción de su empresa. Solicite información de posibles consumidores, profesionales de la industria y otros propietarios de negocios. Considere inscribirse en un programa acelerador o incubadora de empresas donde pueda recibir consejos y orientación de instructores experimentados.

Eventualmente, es fundamental mantener la inflexibilidad al elegir la concepción de una empresa exitosa. Esté preparado para cambiar de rumbo si es necesario a medida que la solicitud y las necesidades de sus invitados evolucionen. Manténgase flexible y listo para cambiar según sea necesario.

En conclusión, elegir un concepto de empresa exitoso requiere un estudio e investigación significativos. Puede producir una idea de negocio que tenga el potencial de ser exitosa comenzando con sus sentimientos e intereses, trabajando en un problema, investigando la solicitud, relacionándose con su cliente objetivo, evaluando la competencia, teniendo en cuenta las finanzas, probando su idea, obtener retroalimentación y mantenerse adaptable. Tenga en cuenta que establecer un negocio es un viaje, y lograr una concepción comercial rentable es solo el primer paso. Puedes convertir tu idea en un negocio exitoso con perseverancia, compromiso y un poco de suerte.

Utilice un análisis geek para estimar las ventajas, desventajas, aperturas y peligros asociados con los servicios que ofrece su empresa. Tenga en cuenta tanto las variables internas que puede controlar, como sus capacidades y arcas, como las variables externas que pueden influir en su empresa, incluidas las tendencias de la demanda y la competencia.
Supongamos que acerca de la escalabilidad es fundamental tener en cuenta la escalabilidad al elegir un concepto de empresa exitoso. Suponga que la concepción de su empresa puede imponerse de manera más astronómica y si puede tener éxito a largo plazo.
Considere su propuesta única de venta (PVU) Su empresa se destaca de la competencia gracias a su PUV. Considere el punto de venta único de sus productos o servicios y cómo podría explicárselo a su público objetivo.
Es fundamental tener en cuenta tus fortalezas y debilidades porque iniciar un negocio requiere mucho esfuerzo y compromiso. Considere sus capacidades y experiencia, así como cualquier área en la que pueda

necesitar desarrollarse o matricularse con respaldo externo.

Busque tendencias de asiduidad Cambiar la concepción de una empresa exitosa requiere estar al día en las tendencias de la industria. Esté atento a las nuevas tendencias en su sector y piense cómo la concepción de su empresa puede beneficiarse de ellas.

Supongamos que en el momento de lanzar un negocio, el tiempo es fundamental. Suponga si la solicitud está lista para la concepción de su empresa y si es oportuna y aplicable. Por ejemplo, si está pensando en lanzar un negocio en el sector de la tecnología, pregunte si ya se cuenta con la estructura y la tecnología para respaldar su idea de negocio.

Tener en cuenta las condiciones legales y no fiscalizadoras El cumplimiento de las normas legales y no fiscalizadoras es necesario para poner en marcha un establecimiento. A medida que calcule cómo se portará mal con ellos, asegúrese de estar preocupado por las normas legales y de no supervisión que se aplican a su tipo de negocio y sector.

Producir un pelotón sólido Una empresa exitosa necesita un personal sólido. Imagine las personas que necesitará en su pelotón y cómo retener y mantener a los trabajadores con estilo mientras trabaja para realizar la concepción de su empresa.

Supongamos que la posición puede afectar en gran medida el éxito de su establecimiento por su posición. Piense en los aspectos prácticos de operar en ese lugar, así como si la idea de su empresa es la más adecuada para ese puesto.

Producir una estrategia de marketing Para atraer y mantener a los consumidores, el marketing es esencial. Produzca una estrategia de marketing que explique cómo se conectará con su público objetivo, compartirá su USP y aumentará el reconocimiento de la marca.

Sea entusiasta y paciente Cambiar la concepción de una empresa exitosa requiere ser apasionado y paciente. Asegúrese de estar sinceramente entusiasmado con su concepción y listo para dedicar tiempo y esfuerzo para que sea un éxito antes de iniciar un negocio.

En conclusión, lograr una concepción exitosa de la empresa requiere una combinación de investigación, evaluación e invención. Puede producir una concepción de empresa que tenga la capacidad implícita de tener éxito al tener en cuenta sus sentimientos e intereses, abordar un problema, estudiar la solicitud, evaluar la competencia, tener en cuenta las finanzas, probar su idea, ingresar comentarios y ser adaptable.

No olvide tener en cuenta los nuevos rudimentos, incluida la escalabilidad, las tendencias de solicitud, los requisitos legales y de no supervisión, la posición y la conformación del pelotón. Puede convertir la concepción de su empresa en un negocio rentable si tiene una base sólida y un fuerte sentido de propósito.

Capítulo 3

Realización de estudios de mercado: Comprender a su cliente y la competencia

Al lanzar un negocio, la exploración de solicitudes es fundamental para comprender a su público objetivo y a la competencia. Solicitar exploración puede brindarle datos instructivos que pueden ayudarlo a formarse opiniones sobre su negocio, como relacionar vacantes, desarrollar estrategias de marketing efectivas y conservar la competitividad en sus esfuerzos.

En esta composición, repasaremos la importancia de la exploración de solicitudes y la forma de comprender a sus rivales y las solicitudes de destino.

¿Por qué es importante la investigación de mercado?
La exploración de solicitudes proporciona información útil sobre los requisitos y hábitos de su solicitud de destino. Podría

ayudarlo a desarrollar estrategias de marketing efectivas, mantener su posición como líder de la industria y buscar formas de mejorar sus productos o servicios.

Del mismo modo, la exploración de solicitudes puede ayudarlo a detectar dificultades y desafíos implícitos, como cambiar las preferencias de los clientes o las tendencias de asiduidad, y producir planes visionarios para abordarlos.

Además, la exploración de solicitudes puede ayudarlo a decidir por su negocio en asuntos como el precio, las características del producto y los canales de mercadeo basados en datos y perceptivamente en lugar de empresas o hipotéticos.

Formas de realizar estudios de mercado
Determine sus objetivos de exploración antes de realizar cualquier exploración solicitada; es importante definir sus objetos de estudio. Elija la información que desea recopilar, como la demografía, las preferencias de los clientes y los patrones de obtención, o las excrecencias y fortalezas de los retadores.

Elija su solicitud de destino Seleccione el grupo de invitados que es más probable que compren sus productos o servicios.

Esto podría ayudarlo a concentrarse en sus preguntas de estudio y obtener datos aplicables.

Elija sus formas de exploración en las que puede usar una variedad de estilos de exploración, como controles, grupos de enfoque y exploración secundaria, para obtener más información sobre su solicitud objetivo y sus rivales. Elija la(s) estrategia(s) que se adapten con estilo a sus objetivos de estudio y restricciones populares.

Produzca una encuesta o cuestionario Para ayudarlo a obtener los datos que necesita, produzca una serie de preguntas para usar en cheques o cuestionarios. Considere hacer una exploración de la demografía, las preferencias, las acciones y las situaciones de satisfacción de sus invitados.

Cuando haya terminado de crear su cheque o cuestionario, es hora de comenzar el estudio. Para hacer esto, puede comunicarse con los invitados a través de las redes sociales o el envío, organizar grupos de enfoque o recopilar datos de fuentes secundarias.

Diseccione los datos Después de adquirir su información, revísela para encontrar patrones, tendencias y nueva información. Busque temas o patrones repetitivos que puedan afectar las opiniones que genera su empresa.

Saque conclusiones y tome medidas Aplique la información que ha aprendido de su solicitud de exploración para sacar conclusiones y tomar medidas en nombre de su empresa. Considere cómo puede mejorar sus productos o servicios, mejorar sus estrategias de marketing o mantener su posición como líder de afinidad.

Entendiendo a tu cliente

Al realizar la exploración de solicitudes, es esencial comprender el número de seguidores de su objetivo. Esto incluye sus datos demográficos, preferencias, acciones y opiniones sobre sus productos o servicios.

Datos demográficos Comprender las características de la solicitud de destino puede ayudarlo a desarrollar productos y servicios que satisfagan sus requisitos y preferencias. Considere factores como la edad, el género, los ingresos, la posición educativa y el terreno.

Es posible que pueda desarrollar productos o servicios que se adapten especialmente a los requisitos del cliente al comprender sus preferencias. Considere factores como los atributos del producto, el precio y el empaque.

Comprender la captación de clientes puede ayudarlo a identificar oportunidades para mejorar sus productos o servicios o desarrollar estrategias de marketing efectivas. Considere generalidades como tendencias de compra, procesos de toma de decisiones y fidelidad a la marca.

Es posible que pueda identificar áreas en las que puede actualizar o mejorar sus productos o servicios al comprender cómo se sienten los huéspedes con respecto a ellos. Considere factores como los comentarios de los consumidores, las reseñas y los comentarios sobre la satisfacción.

Comprender a tu competencia

Tan importante como conocer a tu público objetivo conoce a tu competencia. Esto cubre efectos como su cuota de solicitud, estrategias de marketing y fortalezas y debilidades.

Fortalezas y pecados Comparar los beneficios y las desventajas de sus rivales puede ayudarlo a encontrar ideas innovadoras para sobresalir de la competencia o mejorar sus productos y servicios.

Solicitud compartida Comprender la parte de la solicitud que ahora tienen sus rivales lo ayudará a evaluar su capacidad para competir. Puede descubrir más sobre el porcentaje de solicitudes de sus rivales utilizando fuentes secundarias como estudios de afinidad o empresas de exploración de solicitudes.

Puede identificar áreas de mejora o formas de destacarse en sus sudores de marketing siendo aprensivo de cómo promocionan sus competidores. Considere el condicionamiento dirigido a interactuar con los consumidores, las estrategias de precios y los medios publicitarios.

Junto con estos factores, es importante tener en cuenta la dinámica y las tendencias más amplias de las solicitudes, ya que pueden tener un impacto en su asociación. La solicitud puede haber sido más competitiva, las preferencias de los consumidores han cambiado o la tecnología ha evolucionado.

Beneficios de la exploración de solicitudes

Se pueden mencionar los siguientes beneficios de realizar la exploración de solicitudes para su negocio. La exploración de solicitudes de posibilidades de cambio puede ayudarlo a cambiar las posibilidades de hacer nuevas solicitudes, mejorar los bienes o servicios, o mejorar los huesos. Elaboración de planes de marketing efectivos al sondear las condiciones y preferencias de su público objetivo, puede producir estrategias de marketing que sean efectivas.

Mantener la competitividad: La Exploración de solicitudes puede ayudarlo a mantener una ventaja competitiva en su asiduidad al relacionar las tendencias cambiantes de las solicitudes, los beneficios y las desventajas de los retadores y las nuevas trampas.

Hacer que las opiniones informadas sean una solicitud de exploración puede ayudarlo a decidir sobre los precios, las características del producto y las tácticas de marketing de su empresa sin tener que calcular sobre suposiciones hipotéticas o informadas.

Conclusión

Un negocio exitoso comienza con una solicitud de exploración y crece a partir de ahí. Proporciona datos completos sobre las preferencias, los hábitos, las ventajas competitivas y las desventajas de su solicitud objetivo. Al realizar la exploración de solicitudes, puede descubrir estilos para mejorar sus productos o servicios, desarrollar estrategias de marketing efectivas y mantener una ventaja competitiva en su esfuerzo. Además, podría ayudarlo a formarse opiniones sobre su negocio basadas en datos y de manera perspicaz en lugar de hipotéticas o suposiciones informadas.

Capítulo 4

Crear un plan de negocios: Trazar su rumbo hacia el éxito

Para cada emprendedor que planea lanzar una nueva empresa o hacer crecer una existente, un plan de negocios es una herramienta esencial. Actúa como una hoja de ruta para el futuro de su empresa, definiendo sus objetivos y sugiriendo enfoques para el éxito. En esta composición se discutirán los factores esenciales de un buen plan de negocios, junto con consejos sobre cómo escribir uno.

Por qué es importante un plan de negocios
Una estrategia de negocios es necesaria por varias razones, como
Definición de la concepción de su empresa Su concepción empresarial, incluidos sus productos o servicios, el mercado objetivo y la ventaja competitiva, pueden definirse con mayor

precisión con el uso de un plan de negocios.

Establecer pretensiones y objetivos Un plan de negocios ayuda en la creación de metas y objetivos alcanzables y cuantificables para su empresa que pueden actuar como indicadores de éxito.

Relación de posibles problemas Un plan de negocios le permite identificar problemas y peligros implícitos que su empresa puede presenciar y establecer estrategias de mitigación.

Al darles una idea clara de la concepción de su negocio, las estimaciones fiscales y las eventualidades de desarrollo, un plan de negocios bien escrito puede ayudarlo a atraer posibles inversionistas o prestamistas.

Se promueve la responsabilidad y su empresa se mantiene encaminada con la ayuda de un plan de negocios, que ofrece un marco para monitorear y evaluar su progreso hacia sus pretensiones y objetivos.

Rudimentos que componen un plan de negocios

Los siguientes factores esenciales deben estar presentes en un plan de negocios

un breve resumen En esta sección se deben resumir de manera compacta su concepción comercial, la solicitud de objetivos, la ventaja competitiva, los pronósticos fiscales y la eventualidad de crecimiento.

Descripción comercial En esta área, debe brindar una explicación más detallada de la concepción de su negocio, incluidos los detalles o servicios que desea ofrecer, su público objetivo, su ventaja competitiva y su eventual expansión.

Análisis de solicitudes En esta área, debe diseccionar los datos demográficos de su solicitud de destino, así como el tamaño, las tendencias y la posición de la solicitud en el mercado.

Los precios, la publicidad y la distribución deben incluirse en la parte de marketing y tácticas de negociación de su ensayo.

Operación y Organización En esta área, debe describir la estructura de operación de su empresa, incluidos sus principales actores y sus tareas.

Pronósticos fiscales Incluido en esta parte debe haber un análisis de punto de equilibrio, un resumen de sus condiciones de respaldo y pronósticos fiscales, similares a los estados de ingresos, balances y estados de flujo de efectivo.

suplementos Esta parte debe contener cualquier detalle nuevo que sea importante para sus planes comerciales, como currículos importantes de la fuerza laboral, descripciones de sus productos o servicios, o estadísticas de su solicitud de exploración.

Cómo escribir un plan de negocios

Aunque escribir un plan de negocios puede ser delicado y llevar mucho tiempo, es fundamental para el éxito de su empresa. Luego, hay algunas conductas necesarias para llevar a cabo una investigación de mercado. Comprender su solicitud objetivo, detectar posibles rivales y crear planes de marketing ganadores, todo depende de la realización de la exploración de solicitudes. Para obtener más información sobre su solicitud, utilice una variedad de métodos, incluidos controles, grupos focales y fuentes secundarias.

Defina la concepción de su negocio, incluidos sus productos o servicios, la solicitud objetivo y la ventaja competitiva, con base en la exploración de su solicitud. Establezca pretensiones y objetivos Haga uso de su concepción de negocio al tiempo que establece pretensiones y objetivos sensibles y cuantificables para su empresa. Estos deben contener objetos tanto a corto como a largo plazo.

Produce Estrategias y Tácticas produce estrategias y tácticas para ayudarte a lograr tus pretensiones y objetivos. Estos deben comprender planes fiscales, estrategias funcionales y estrategias de marketing y ofertas.

Produzca pronósticos fiscales Haga pronósticos fiscales, como estados de resultados, balances de pérdidas y estados de flujo de efectivo, utilizando sus planes y métodos.

Después de completar los procesos antes mencionados, desarrolle su plan de negocios aferrándose a los factores esenciales descritos anteriormente.

Su plan de negocios debe ser revisado y simplificado.

La estrategia de su empresa no es algo que se escribe una sola vez y se ignora. Debe revisarse y simplificarse periódicamente porque es un documento vivo y debe mantenerse actualizado. Los siguientes consejos pueden ayudarlo a examinar y modernizar el cronograma de su plan de negocios. Decida cuándo estimará y modernizará la estrategia de su empresa. Dependiendo de las demandas de su establecimiento, esto puede hacerse de forma periódica, semestral o anual.

Evalúe el progreso Use la estrategia de su empresa como un compañero para evaluar qué tan bien lo está haciendo para alcanzar sus objetivos. ¿Estás teniendo éxito en tus pretensiones? ¿Por qué no, si no? Utilice este conocimiento para modificar su estrategia y táctica según sea necesario.

Manténgase al día Mantenga el plan de su empresa al día con las últimas demandas de los consumidores, las tendencias de las solicitudes y los avances constantes. Esto le ayudará a mantenerse un paso por delante de la competencia y descubrir nuevas perspectivas de desarrollo.

Solicite información sobre el plan de su empresa a asesores confiables, como instructores, colegas o capacitadores comerciales. Esto puede brindarle información perceptiva y mostrarle dónde tiene puntos ciegos o espacio para mejorar.

Utilice el plan de su empresa como herramienta de marketing Especialmente cuando busque capital o conexiones, el plan de su empresa puede ser una potente herramienta de marketing. Úselo para demostrar a posibles inversionistas o compañeros de negocios la concepción, las vacunas fiscales y las perspectivas de crecimiento de su empresa.

Conclusión

Un paso fundamental para iniciar o hacer crecer un negocio es desarrollar una estrategia comercial. Actúa como un mapa de ruta para el futuro de su empresa y ayuda en la explicación de la concepción, el establecimiento de cosas y el desarrollo de planes y tácticas para el éxito.

Puede establecer un plan de negocios completo que lo ayude a trazar su ruta hacia el éxito mediante la exploración de solicitudes, la definición de su concepción comercial, el establecimiento de pretensiones y objetivos, la formulación de estrategias y tácticas y la elaboración de pronósticos fiscales. Para mantener su plan de negocios actualizado y aplicable, no olvide revisarlo y cambiarlo constantemente.

Capítulo 5

Encontrar financiación: Estrategias para financiar su puesta en marcha

Comenzar un nuevo negocio puede ser una iniciativa y un viaje agotador. Uno de los mayores retos a los que se enfrentan los emprendedores es cambiar el respaldo que demandan para lanzar y hacer crecer su startup. En esta composición, exploraremos algunas estrategias para financiar su lanzamiento. Ahorros personales Una de las formas más sencillas de financiar un lanzamiento es utilizando sus ahorros particulares. Esto le permite evitar endeudarse o renunciar al capital de su negocio. Sin embargo, considere trabajar en un trabajo secundario o reducir sus cargos para liberar más fondos para su puesta en marcha, si no tiene suficientes ahorros particulares.

Mosqueteros y Familia Otra opción es buscar el respaldo de mosqueteros y familia. Esta puede ser una buena opción si tiene una red de individuos probatorios que están dispuestos a invertir en su negocio. Aún así, es importante abordar esto de forma individualizada profesionalmente y tener acuerdos claros para evitar conflictos implícitos en el futuro.

El crowdfunding se ha convertido en una forma popular para que los empresarios recauden fondos para sus lanzamientos. Se trata de crear una cruzada en una plataforma de Crowdfunding, como Kickstarter o Indiegogo, y ofrecer impulsos para individualizar quiénes contribuyen a tu cruzada. Es importante tener una cruzada bien redactada con una comunicación clara y una propuesta de valor para atraer inversores implícitos.

Los inversores ángeles son individuos gordos que invierten en lanzamientos a cambio de acciones o una participación en las ganancias de la empresa. Por lo general, invierten cantidades más bajas que los plutócratas de aventura y pueden brindar orientación u orientación para el lanzamiento. Para atraer inversionistas ángel, deberá tener una concepción comercial convincente, un plan de negocios sólido y un pelotón fuerte.

Los plutócratas de riesgo son inversores profesionales que respaldan empresas emergentes con una eventualidad de alto crecimiento. Por lo general, invierten cantidades más grandes que los inversionistas ángeles y pueden tener una participación mayor en el capital social de la empresa. Para atraer a los plutócratas aventureros, deberá tener un historial sólido, un modelo comercial probado y un plan claro para expandir su negocio.

Préstamos de la Administración de Pequeñas Empresas (SBA, por sus siglas en inglés) La SBA otorga préstamos a pequeñas empresas para ayudarlas a iniciar y hacer crecer su negocio. Estos préstamos generalmente tienen tasas de interés más bajas y términos más favorables que los préstamos tradicionales, lo que los convierte en una opción seductora para los emprendedores. Para calificar para un préstamo de la SBA, deberá tener un plan de negocios sólido, un puntaje crediticio sólido y una garantía para garantizar el préstamo.

Subvenciones Hay una variedad de subvenciones disponibles para empresarios de agencias gubernamentales, organizaciones con fines de lucro y asociaciones privadas. Estas subvenciones pueden dar respaldo sin la necesidad de renunciar a la equidad en su negocio. Aún así, el proceso de operación puede ser competitivo y llevar mucho tiempo.

Conclusión

Respaldar su lanzamiento puede ser una tarea agotadora, pero hay una variedad de opciones disponibles para los emprendedores. Ejerciendo ahorros particulares, buscando el respaldo de mosqueteros y familiares, Crowdfunding, atrayendo inversores ángeles o plutócratas aventureros, solicitando préstamos o subvenciones de la SBA, los emprendedores pueden financiar sus lanzamientos y hacer realidad sus ideas de negocios.

Es importante elegir la estrategia de respaldo adecuada para su negocio y tener un plan de negocios bien elaborado, un pelotón fuerte y un historial sólido para atraer inversores o prestamistas.

Cuando se trata de cambiar el respaldo para su lanzamiento, es importante comprender los pros y los contras de cada opción de respaldo. Los ahorros particulares y el respaldo de los mosqueteros y la familia pueden ser bastante fáciles de obtener, pero también significa que puede tener finanzas limitadas para trabajar. El crowdfunding puede ser una buena manera de recaudar fondos rápidamente, pero también puede ser muy competitivo y requiere muchos problemas para producir una cruzada exitosa.

Los inversionistas ángeles y los plutócratas aventureros pueden brindar un respaldo significativo, pero también anticiparán un alto rendimiento de su inversión y pueden tener una gran participación accionaria en su empresa. Es importante considerar con precisión si este es el camino correcto para su negocio y estar preparado para ceder algo de control sobre su empresa.

Los préstamos de la SBA pueden ser una opción seductora para las pequeñas empresas, pero también cuentan con un plan de negocios sólido, un historial crediticio sólido y garantías para garantizar el préstamo. Solicitar subvenciones puede ser una buena manera de obtener respaldo sin renunciar a la equidad, pero también puede ser un proceso en gran parte competitivo con mucho papeleo y burocracia.

Además de comprender los pros y los contras de cada opción de respaldo, también es importante considerar el impacto del respaldo en su negocio. Por ejemplo, endeudarse puede ejercer presión sobre su negocio para generar ganancias rápidamente, mientras que renunciar al capital puede significar renunciar al control de importantes opiniones comerciales.

Al crear un plan de negocios, es importante tener una comprensión clara de sus necesidades de respaldo y desarrollar una estrategia de respaldo que se alinee con sus ambiciones comerciales. Esto puede implicar una combinación de fuentes de respaldo, como ahorros particulares, inversión ángel y subvenciones.

También es importante ser realista acerca de sus necesidades de respaldo y tener un plan de contingencia en caso de que los efectos no salgan según lo planeado. Esto puede implicar relacionar otras fuentes implícitas de respaldo, como tarjetas de crédito o préstamos particulares, o desarrollar estrategias para reducir costos y mejorar la rentabilidad.

En conclusión, cambiar el respaldo para su lanzamiento es un paso importante para hacer realidad su idea de negocio. Al comprender los pros y los contras de cada opción de respaldo, desarrollar un plan de negocios sólido y tener una comprensión clara de sus necesidades y pretensiones de respaldo, puede producir una estrategia de respaldo que se alinee con su negocio y lo prepare para el éxito.

Capítulo 6

Consideraciones legales: Navegación de contratos, patentes y marcas registradas

Es fundamental tener en cuenta las cuestiones legales al iniciar un negocio o participar en cualquier tipo de esfuerzo comercial para asegurarse de que la operación cumpla con todas las leyes aplicables. Los contratos, las patentes y las marcas registradas son las tres disciplinas legales que son más fundamentales para comprender. Todos estos son instrumentos fundamentales para gestionar los escollos, establecer perspectivas y asegurar la propiedad intelectual y otros medios.

Contratos
Un acuerdo bastante vinculante que especifica los términos y condiciones de una venta o relación se conoce como contrato. Los contratos pueden ser verbales o escritos, pero generalmente se

prefieren los acuerdos por escrito, ya que ofrecen un registro preciso de los términos alcanzados. Los contratos comerciales, los contratos de trabajo, los acuerdos de arrendamiento y los acuerdos de servicio son solo algunos ejemplos de formas de contrato típicas. Asegurarse de que ambas partes comprendan los términos y condiciones de un contrato es uno de los factores más importantes a tener en cuenta. Esto implica que cualquier lenguaje especializado o jerga específica de la industria debe aclararse o explicarse y que el lenguaje del contrato debe ser directo e inequívoco. Además, antes de firmar el acuerdo, cada parte debe tener la oportunidad de estimarlo, plantear preguntas y obtener una explicación.

Asegurarse de que el contrato sea ejecutable también es un factor fundamental. Esto implica que el contrato debe cumplir con normas legales específicas, como ser celebrado libremente por todas las partes, y que su contenido no debe ser ilegal o contrario al orden público. En algunas circunstancias, para que un contrato sea ejecutable, también puede ser necesario que esté por escrito y firmado por todas las partes.

Eventualmente, es fundamental imaginar lo que sucedería si una persona rompiera el acuerdo. Esto puede incluir la definición de las órdenes de arresto aplicables por la violación, similar a exigir que la persona infractora haga una reparación o tome medidas específicas para corregirla. Para evitar acciones costosas y que consumen mucho tiempo, también puede incluir la incorporación de cláusulas para acuerdos conflictivos, similares al arbitraje o acuerdos.

patentes

Una patente es un título bastante honrado que, durante un cierto período de tiempo, otorga a su titular la única capacidad para producir, utilizar y manipular una invención. Al permitir que los formuladores ganen dinero con sus ideas, las patentes están destinadas a promover la creatividad. También fomentan la publicación de nuevas ideas para que otros puedan desarrollarlas.

Un innovador debe presentar una solicitud de patente al organismo gubernamental correspondiente para obtener una patente. La operación debe contener todas las delineaciones esenciales y otras certificaciones, así como una explicación detallada de la invención. Un monitor de patentes estimará la operación y decidirá si la invención cumple con los criterios legales de patentabilidad.

Asegúrese de que la invención sea realmente única y no obvia cuando se trata de patentes. Esto implica que la invención no debe ser una interpretación clara de una invención anterior y que no debe haber sido revelada al público de manera preliminar. Del mismo modo, es fundamental confirmar que el innovador es lo suficientemente bueno como para solicitar una patente, lo que puede requerir la concurrencia de un empleador u otras partes con una participación implícita en la invención.

El hecho de que la patente se ejecute es otro factor fundamental. Esto podría incluir vigilar la solicitud para detectar posibles infractores y emprender acciones legales para detener o ayudar a prevenir las infracciones. También podría habilitar la invención para terceros, lo que podría ser una fuente importante de beneficios para el titular de la patente.

Marcas registradas

Una marca registrada es un diseño, término o expresión que se emplea para identificar y separar un artículo o servicio por partes de otro. Las marcas comerciales son importantes porque ayudan a los consumidores a determinar el origen de un bien o servicio y porque pueden ser una herramienta de marketing eficaz para las empresas.

Una empresa debe presentar una solicitud de marca comercial ante el organismo gubernamental correspondiente para obtener una marca comercial. Se debe incluir con la operación una explicación detallada de la marca comercial, así como cualquier atestación de respaldo necesaria, como ejemplos de cómo se usará la marca. Un monitor de marcas revisará la operación y decidirá si la marca es lo suficientemente única para ser registrada y si es probable que cause confusión con alguna marca registrada anteriormente.

Verificar que una marca comercial no viole los derechos de otros es uno de los factores legales más importantes a tener en cuenta cuando se trata de marcas comerciales. Para asegurarse de que la marca comercial no esté siendo utilizada anteriormente por otra empresa o persona, se debe realizar una verificación exhaustiva. También implica evitar el uso de marcas que son exorbitantemente análogas a las que estaban en uso, ya que esto puede generar confusión en el cliente y, de hecho, problemas legales.

Asegurarse de que la marca registrada esté dócilmente asegurada es otro factor fundamental. Esto puede incluir solicitar protección de marca registrada en varias naciones o áreas, vigilar la solicitud para detectar posibles infractores y emprender acciones legales para detener o ayudar a prevenir violaciones. También podría incluir la concesión de licencias para el uso de la marca a terceros, lo que puede ser una fuente de beneficio económico para el titular de la marca.

Es fundamental pensar en las ramificaciones estratégicas de los contratos, las patentes y las marcas registradas además de estas cuestiones legales. Los contratos se pueden utilizar, por ejemplo, para definir prospectos inequívocos con proveedores, invitados y miembros del personal, así como para proteger datos importantes de la empresa, como secretos comerciales.

Las patentes se pueden emplear para dar a una empresa una ventaja competitiva y para cubrir invenciones o tecnologías originales. Las marcas registradas pueden usarse para desarrollar la fidelidad del cliente y la atención a la marca, así como también una identidad distintiva para el negocio.

Puede ser delicado navegar por estos asuntos legales; por lo tanto, consultar a un abogado capacitado que se especialice en estos asuntos es siempre saludable. Además de los consejos de inmolación sobre asuntos políticos como licencias, acción y crecimiento global, un abogado puede ayudar a garantizar que los contratos, las patentes y las marcas registradas sean bastante sólidos y ejecutados con mansedumbre. Las empresas pueden proteger su propiedad intelectual y otros medios, gestionar las trampas y crear una base sólida para el éxito a largo plazo mediante la gestión precisa de estos factores legales.

Capítulo 7

Construyendo un Equipo Fuerte: Contratación y Gestión del Talento

La calidad del pool de una empresa tiene un impacto significativo en su desempeño. Un gran pelotón puede incitar a la invención, impulsar el asunto y ayudar a una empresa a lograr sus objetivos. Pero reunir un pelotón sólido requiere un estudio significativo de los procedimientos de selección y operación. Veremos algunas de las mejores formas de optar y supervisar a las personas en esta publicación.

Contratación

Cambiar y contratar las individualidades aplicables es el primer paso para crear un pelotón importante. Esto requiere una apreciación profunda de las capacidades y tasas demandadas para cada parte, así como un proceso de contratación exitoso.

Describe tu parte

Es fundamental describir claramente la función y los deberes del puesto antes de comenzar el proceso de contratación. Esto hará que sea más probable que la descripción del trabajo represente dócilmente las capacidades y credenciales exigidas para el puesto.

Use una variedad de canales de recuperación

Ejercer una variedad de canales de recuperación es fundamental si desea atraer a un amplio grupo de prospectos. Esto puede incluir boletines en sitios web comerciales, plataformas de redes sociales y bolsas de trabajo, así como funciones de redes y recomendaciones particulares.

Deben utilizarse preguntas de entrevista conductuales

El objetivo de las preguntas de la entrevista de comportamiento es estimar las ganancias anteriores de un buscador y anticipar las ganancias por nacer.

. Cuando se trata de detectar dones de élite, pueden ser más útiles que las preguntas de una entrevista convencional.

buscar referencias

Una etapa fundamental en el proceso de reclutamiento es verificar las referencias. Puede usarse para confirmar los antecedentes y las credenciales de un buscador y para madurar información sobre su estilo de trabajo y carácter.

Gerente

Después de elegir el don correcto, es fundamental administrar y desarrollar bien ese don. Esto puede implicar una variedad de tácticas, como esbozar prospectos precisos, brindar comentarios frecuentes y presentar oportunidades de mejora.

Aclara tus perspectivas.

Definir fácilmente las perspectivas es un elemento fundamental de la gestión del personal. Establecer objetos de rendimiento, relacionar indicadores de rendimiento cruciales (KPI) y brindar comentarios regulares sobre el desarrollo son algunos ejemplos de cómo hacer esto.

Dar retroalimentación continuamente

Brindar retroalimentación constante a los trabajadores es fundamental para fomentar su crecimiento y desarrollo. Los chequeos regulares, las evaluaciones de desempeño y las sesiones de orientación pueden ser parte de esto. La retroalimentación debe ser precisa, rápida y utilizable.

Ofrezca oportunidades para la expansión y el desarrollo Los trabajadores pueden tener un sentido de valía y compromiso en su trabajo al recibir oportunidades para el crecimiento y el desarrollo. Las asignaciones amplias, las vacantes de capacitación y desarrollo, y alentar al personal a asumir nuevas tareas son algunas formas de lograrlo.

Fomentar una planta positiva

Un elemento esencial de la gestión del don es crear un terreno de trabajo afable. Esto podría incluir alentar la comunicación abierta, agradecer a los miembros del personal por sus logros y apoyar un equilibrio saludable entre el trabajo y la vida.

Desafíos

Puede ser delicado hacer un pelotón exitoso, y hay algunos errores de cálculo típicos que se deben evitar. Estos corresponden de

Empleo solo en experiencia

Aunque la experiencia es fundamental, no es el único aspecto a tener en cuenta al retener. Habilidades suaves como la cooperación y la comunicación son fundamentales para crear un gran pelotón.

Negarse a dar retroalimentación

La falta de retroalimentación armoniosa puede generar avances y baja moral entre los trabajadores. Para ayudar a los trabajadores a mejorar su rendimiento, es fundamental ofrecer asesoramiento y retroalimentación continuos.

Falta de aperturas de crecimiento

Los trabajadores que sienten que sus posiciones son estáticas están más inclinados a dejar sus trabajos. Proporcionar oportunidades para el desarrollo y el progreso podría contribuir a mantener una fuerza laboral superior.

Descuidar la cultura comercial

La cultura de la empresa es fundamental para retener y mantener a los mejores. Se debe establecer una sólida cultura comercial que sustente las creencias y objetivos de la asociación.

Conclusión

Una estructura de pelotón exitosa es esencial para el éxito comercial. El logro de objetivos comerciales y la atracción y retención de personas de alto nivel pueden facilitarse mediante el empleo de prácticas efectivas de reclutamiento y operación. Erigir un pelotón fuerte requiere problemas y atención continuos, de hecho, después de que finaliza el proceso original de contratación e incorporación. Por eso es importante que las empresas definan lugares, utilicen múltiples canales para la recuperación, brinden comentarios continuos y ofrezcan oportunidades para el crecimiento y el desarrollo. Luego hay algunas otras tácticas de operación de regalos para suponer sobre

Desarrollar confianza

Un buen pelotón debe tener una sólida base de confianza. Al ser abierto con su pelotón, mantener su palabra y preocuparse auténticamente por sus problemas, los directores pueden ganarse la confianza de su personal.

Promover la Cooperación

El trabajo en equipo entre los miembros puede afectar la creatividad y el producto. Fomente la cooperación dándoles la oportunidad de unirse en sistemas y fomentando un clima de comunicación abierta.

Dar precios y reconocimiento

Es más probable que los trabajadores se comprometan y se dediquen a su trabajo si se sienten valorados y honrados por sus esfuerzos. Los trabajadores que van y vienen en sus puestos de trabajo deben admitir reconocimientos y beneficios, similares a lagniappes, elevaciones o sol público.

Resolución temprana de problemas de rendimiento

La intervención temprana en empresas de rendimiento puede ayudar a evitar que se conviertan en huesos más grandes en el futuro. Sin embargo, bríndeles orientación y comentarios detallados para que puedan mejorar si un trabajador no está rindiendo a la par.

Enfóquese en el equilibrio entre el trabajo y la vida.

Los trabajadores otorgan cada vez más importancia al equilibrio entre la vida laboral y personal, especialmente en el terreno actual del trabajo remoto. La programación flexible, las vacantes de trabajo remoto y el tiempo libre pagado promueven el equilibrio entre el trabajo y la vida.

Junto con estas tácticas, es fundamental estimar regularmente los requisitos de su pelotón y modificar sus tácticas de operación según sea necesario. Esto puede incluir la recopilación de información manual, la cobertura de criterios de rendimiento cruciales y la realización de adaptaciones para los cambios en el terreno comercial.

Desafíos

El proceso de desarrollar y liderar un buen pelotón no está exento de dificultades. Las siguientes son algunas otras dificultades típicas de las que hay que tener miedo.

Mantener el regalo elegante

Podría ser delicado mantener el regalo superior en la solicitud de empleo maquiavélica del momento. Ofrecer oportunidades de crecimiento y desarrollo, así como pagos y beneficios competitivos es fundamental.

A cargo de brigadas remotas

La gestión de brigadas remotas puede ser delicada debido a problemas de colaboración y comunicación. Establecer rutas de comunicación claras, ofrecer herramientas y cofres para el trabajo remoto y definir objetos de desempeño claros son cruciales.

Gestionando conflicto

Estructurar un buen pelotón puede verse significativamente obstaculizado por conflictos interpersonales. Crear oportunidades para el diálogo honesto y la resolución de conflictos es fundamental para tratar los conflictos de antemano y de manera efectiva.

Mantener la moral

La baja moral puede tener un gran efecto en la productividad y el compromiso de un pelotón. Al dar elogios y premios, resolver las dificultades de desempeño y fomentar un ambiente de trabajo saludable, se deben abordar los problemas de moral.

Conclusión

Un enfoque planificado para la contratación, así como un enfoque continuo en el desarrollo y compromiso de la mano, son necesarios para crear y mantener un gran pelotón. Las empresas pueden producir un pelotón que sea capaz de lograr sus objetivos y fomentar la creatividad al poner un fuerte énfasis en la confianza, la cooperación, el reconocimiento y el equilibrio entre el trabajo y la vida personal, así como en cuestiones de buceo como la retención, el trabajo remoto, el conflicto y la moral.

Capítulo 8

Crear una cultura empresarial ganadora: motivar e involucrar a sus empleados

Construir una cultura corporativa exitosa es esencial para inspirar e involucrar al personal. Un entorno de trabajo agradable y alentador puede dar como resultado un mayor rendimiento, una mayor satisfacción laboral y tasas de rotación reducidas. Aquí hay algunas ideas para desarrollar una cultura corporativa exitosa:

Establezca sus valores

El primer paso para desarrollar una cultura empresarial saludable es definir los valores de su organización. Los principios de su organización deben ser evidentes para todos los trabajadores y deben guiar el comportamiento y la toma de decisiones de todos.

Promover la comunicación sincera

La base de la confianza y el trabajo en equipo entre los empleados es la comunicación abierta. Al celebrar reuniones de equipo frecuentes, buzones de sugerencias y sesiones individuales con la gerencia, puede fomentar la comunicación abierta.

Ofrecer Posibilidades de Desarrollo y Crecimiento

Los empleados quieren creer que sus posiciones están evolucionando y expandiéndose como resultado. Dar a los trabajadores la oportunidad de desarrollarse en sus carreras, adquirir nuevas habilidades y asumir nuevas responsabilidades.

Proporcionar salarios y beneficios competitivos en el mercado

Para atraer y retener a los mejores talentos, se necesitan salarios y beneficios atractivos. Asegúrese de que su salario y sus beneficios sean competitivos investigando las normas de la industria.

Reconocer y honrar los éxitos

Los logros de los empleados deben reconocerse y recompensarse, ya que esto puede ser un fuerte incentivo. Proporcionar recompensas, oportunidades de ascenso y elogios públicos para los miembros del personal que se destacan en sus puestos.

Fomentar el equilibrio entre la vida laboral y personal

Proporcione a los empleados tiempo libre pagado, opciones de trabajo remoto y horarios flexibles para ayudar a mantener un equilibrio saludable entre el trabajo y la vida personal.

Desafíos

Construir una cultura corporativa exitosa no está exento de dificultades. Las siguientes son algunas dificultades más típicas a tener en cuenta:

A cargo de Equipos Remotos

Construir y mantener una cultura empresarial saludable presenta dificultades particulares cuando se trabaja con personal remoto. Fomentar la cooperación y la comunicación entre miembros distantes del equipo puede ser un desafío. Para ayudar con estos problemas, proporcione canales de comunicación efectivos y ofrezca herramientas y recursos para el trabajo remoto.

Gestionando conflicto

La construcción de una cultura corporativa saludable puede verse significativamente obstaculizada por conflictos internos entre el personal. Al crear oportunidades para el diálogo honesto y la resolución de conflictos, es fundamental abordar los conflictos de manera temprana y eficaz.

Mantener la moral

El nivel de participación y productividad entre los empleados puede verse significativamente afectado por la baja moral. Al dar elogios y premios, resolver las dificultades de desempeño y fomentar un ambiente de trabajo saludable, se deben abordar los problemas de moral.

Aumentar la inclusión y la diversidad

Aunque construir un lugar de trabajo inclusivo y diverso puede ser difícil, es crucial para desarrollar una cultura corporativa sólida. Asegúrese de que sus prácticas de reclutamiento y promoción sean inclusivas, y realice capacitaciones periódicas sobre diversidad e inclusión.

Conclusión

Una cultura corporativa próspera exige trabajo y enfoque constantes. Puede crear un ambiente de trabajo productivo y alentador que inspire e involucre a los empleados definiendo sus valores, fomentando la comunicación abierta, ofreciendo oportunidades de crecimiento y desarrollo, brindando compensación y beneficios competitivos, reconociendo y recompensando los logros y promoviendo el equilibrio entre la vida laboral y personal. Su cultura corporativa se mantendrá sólida y buena con el tiempo si maneja problemas típicos como la gestión de equipos remotos, el manejo de conflictos, el mantenimiento de la moral y el fomento de la diversidad y la inclusión.

Aquí hay algunas otras ideas para desarrollar una cultura corporativa exitosa:

Pon un buen ejemplo

Desarrollar una cultura de trabajo saludable es principalmente responsabilidad de los líderes. Los líderes deben actuar según los principios y estándares que aprecian. Esto implica ser abierto y comunicativo, así como educado y cooperativo.

Promover la Cooperación

La colaboración entre los miembros del personal puede impulsar la creatividad, la producción y la felicidad en el trabajo. Ofrecer oportunidades para el trabajo en equipo, las iniciativas multifuncionales y el intercambio de información, promueve la colaboración.

Promueva el bienestar y el bienestar Una cultura de lugar de trabajo saludable requiere un enfoque en el bienestar y bienestar de los empleados. Para ayudar a los empleados a mantener un estilo de vida saludable, proporcione programas de bienestar que incluyan clases de ejercicio en el lugar y servicios de salud mental.

Aquí hay algunas otras ideas para desarrollar una cultura corporativa exitosa:

Pon un buen ejemplo

Desarrollar una cultura de trabajo saludable es principalmente responsabilidad de los líderes. Los líderes deben actuar según los principios y estándares que aprecian. Esto implica ser abierto y comunicativo, así como educado y cooperativo.

Promover la Cooperación

La colaboración entre los miembros del personal puede impulsar la creatividad, la producción y la felicidad en el trabajo. Ofrecer oportunidades para el trabajo en equipo, las iniciativas multifuncionales y el intercambio de información, promueve la colaboración.

Promueva el bienestar y el bienestar Una cultura de lugar de trabajo saludable requiere un enfoque en el bienestar y bienestar de los empleados. Para ayudar a los empleados a mantener un estilo de vida saludable, proporcione programas de bienestar que incluyan clases de ejercicio en el lugar y servicios de salud mental.

Al desarrollar una cultura corporativa exitosa, las dificultades adicionales a tener en cuenta incluyen:

Generar confianza Generar confianza puede llevar tiempo, pero es crucial para una atmósfera sólida en el lugar de trabajo. Para ganarse la confianza de su personal, sea abierto, veraz y coherente en su comunicación y toma de decisiones.

Controlando el cambio

Cualquier organización experimentará un cambio, pero puede ser disruptivo para la cultura del negocio. Gestione el cambio con éxito manteniendo las líneas de comunicación abiertas y proactivas, incluyendo al personal en la toma de decisiones y ofreciendo asistencia y recursos según sea necesario.

Mantener los objetivos individuales y de equipo bajo control

Los objetivos del equipo y los objetivos personales pueden chocar ocasionalmente. Para garantizar que los éxitos individuales contribuyan al éxito general del equipo y de la organización, es crucial encontrar un equilibrio entre las metas individuales y las del equipo.

En conclusión, desarrollar una cultura organizacional exitosa requiere trabajo y enfoque continuos. Puede crear un ambiente de trabajo productivo y alentador que inspire e involucre a las personas dando un buen ejemplo, fomentando la cooperación, fomentando la salud y el bienestar, fomentando un sentido de comunidad, estableciendo expectativas y comentarios claros y gratificando los logros. Su cultura corporativa será sólida y buena con el tiempo si aborda cuestiones como el desarrollo de la confianza, el manejo del cambio y el equilibrio de los objetivos individuales y de equipo.

Capítulo 9

Puesta en marcha de su puesta en marcha: Maximizando sus recursos

Puede ser valioso y peligroso iniciar un negocio. Aún así, hay estilos que los dueños de negocios pueden emplear para establecer su incipiente con poca plutocracia. Bootstrapping es el término utilizado para describir esta estrategia. Bootstrapping se refiere al uso de fondos previamente disponibles para lanzar y expandir un establecimiento. Cuando arranque su negocio, use estos consejos para maximizar sus arcas

Construya un producto mínimamente factible.

Un producto mínimo viable (MVP) es un bien o servicio que proporciona la funcionalidad necesaria para cumplir con los requisitos de los primeros usuarios al tiempo que recopila información para el desarrollo de productos no nacidos. Al permitirle probar su concepción antes de gastar dinero en el lanzamiento de un producto a gran escala, la creación de un MVP puede ayudarlo a ahorrar tiempo y dinero.

Usa cofres Gratis y Baratos

Los empresarios tienen acceso a una amplia gama de recursos gratuitos y asequibles, incluido software de código abierto, herramientas web gratuitas y vías de marketing asequibles. Puede reducir sus costos de inicio y ahorrar sus arcas fiscales ejerciendo estas arcas.

Haga uso de su red

Al iniciar una startup, su red personal y profesional puede ser un recurso útil. Pregunta a tus mosqueteros, familiares y asociados si pueden darte algún consejo o apoyo. Es posible que pueda detectar nuevos invitados o inversores utilizando su red como recurso.

Busca Fuentes Indispensables de Financiamiento

Bootstrapping no cuenta como buscar apoyo fiscal. Las opciones indispensables de recaudación de fondos, incluido el crowdfunding, los préstamos para pequeñas empresas y las subvenciones, pueden ayudarlo a recaudar más dinero sin renunciar a las acciones de la empresa.

Reducir los cargos de salida

Mantener los cargos de salida más pequeños posibles es fundamental para el arranque. En lugar de retener al personal a tiempo completo, esto puede incluir trabajar siempre, participar en el espacio de la oficina o subcontratar el trabajo a los contratistas.

Vigila tu entrada de efectivo

Administrar su entrada de efectivo es esencial mientras impulsa su incipiencia. Vigile de cerca su entrada de efectivo y asegúrese de tener una estrategia para controlar los gastos y producir ingresos.

Al iniciar un lanzamiento, hay algunos problemas nuevos a tener en cuenta, como

cofres más pequeños

Trabajar con un presupuesto reducido es común durante el arranque, lo que puede ser delicado. Prepárate para sentar precedentes y elegir dónde gastar tus arcas.

El arranque de tiempo limitado puede llevar mucho tiempo, especialmente si está haciendo malabares con varias tareas o trabajando con un pelotón pequeño. Esté preparado para dedicar largas horas de trabajo y administrar bien su tiempo.

Escalabilidad pequeña

Bootstrapping podría hacer que sea más delicado para usted hacer crecer su empresa. Esté preparado para abordar la expansión a un ritmo más lento y controlado y para concentrarse en crear una empresa sostenible a largo plazo.

cofres más pequeños

Trabajar con un presupuesto reducido es común durante el arranque, lo que puede ser delicado. Prepárate para sentar precedentes y elegir dónde gastar tus arcas.

El arranque de tiempo limitado puede llevar mucho tiempo, especialmente si está haciendo malabares con varias tareas o trabajando con un pelotón pequeño. Esté preparado para dedicar largas horas de trabajo y administrar bien su tiempo.

Escalabilidad pequeña

Bootstrapping podría hacer que sea más delicado para usted hacer crecer su empresa. Esté preparado para abordar la expansión a un ritmo más lento y controlado y para concentrarse en crear una empresa sostenible a largo plazo.

Digitalízate con el marketing

Sin invertir mucho plutócrata, el marketing digital puede ser un enfoque efectivo para conectarse con su grupo demográfico objetivo. Use puntos de redes sociales, marketing de despacho y marketing de contenido para aumentar la exposición de la marca y la generación de clientes potenciales.

Dar prioridad a la adhesión y retención de clientes

Es fundamental concentrarse en la adhesión y retención de clientes cuando se inicia. Para hacer esto, debe identificar su solicitud objetivo, comprender sus deseos y áreas de dolor, y producir bienes y servicios para satisfacer esas demandas. También implica forjar vínculos sólidos con sus invitados para promover negocios recreativos y recomendaciones útiles de boca en boca.

Producir una importante Identidad de Marca

Su lanzamiento puede destacarse en una solicitud competitiva mediante la creación de una identidad de marca distintiva. Dedique tiempo y plutocracia a diseñar su estrategia de marca, que debe incluir el tono de voz, la identidad visual y la comunicación de su empresa.

Enfatice la coordinación y la innovación

Bootstrapping requiere un enfoque creativo de inclinación abierta. Fomente el diálogo abierto y la cooperación entre sus asociados, y esté abierto a nuevos estilos de resolución de problemas.

Enfatiza el desarrollo continuo

El éxito a largo plazo de su lanzamiento inicial depende del desarrollo continuo. Revise constantemente los procedimientos de su empresa, busque áreas que puedan mejorarse y aclimate según sea necesario. Para asegurarse de que está brindando valor y satisfaciendo sus condiciones, solicite información tanto a los invitados como a los miembros del pelotón.

Producir una inteligencia positiva

Bootstrapping puede ser agotador, pero es esencial tener una estación positiva, mantenerse extremadamente motivado y resistir. Trabaje con compañeros de equipo probatorios, instructores y asesores que puedan indicarle el camino correcto e inspirarlo a lo largo del camino. Arrancar un lanzamiento puede ser una experiencia inspiradora y satisfactoria, pero requiere una planificación cuidadosa, imaginación y el deseo de ser flexible e inventivo. Puede aprovechar al máximo sus arcas, crear una base sólida para su empresa y tener éxito a largo plazo utilizando estas sugerencias y formas.

Capítulo 10

Aprovechamiento de la tecnología: herramientas y recursos para el crecimiento

En la geografía empresarial en constante evolución actual, la tecnología se ha convertido en una herramienta necesaria para el crecimiento. Desde empresas emergentes hasta empresas establecidas, la tecnología ha revolucionado la forma en que operan las empresas, permitiéndoles optimizar los procesos, llegar a nuevos huéspedes y obtener una ventaja competitiva. En esta composición, exploraremos algunas de las herramientas y recursos cruciales que las empresas pueden usar para lograr el crecimiento a través de la tecnología.

ejerciendo el palio

Pall Computing ha surgido como uno de los avances tecnológicos más significativos de los últimos tiempos, ofreciendo a las empresas una variedad de beneficios. Mediante el uso de software y servicios empaquetados, las empresas pueden reducir sus costos de TI mientras perfeccionan su escalabilidad y flexibilidad. Pall Computing también permite a las empresas almacenar y transmitir sus datos de forma segura desde cualquier parte del mundo, lo que permite el trabajo y la colaboración a distancia.

ejercitando la nube

Pall Computing ha surgido como uno de los avances tecnológicos más significativos de los últimos tiempos, ofreciendo a las empresas una variedad de beneficios. Mediante el uso de software y servicios empaquetados, las empresas pueden reducir sus costos de TI mientras perfeccionan su escalabilidad y flexibilidad. Pall Computing también permite a las empresas almacenar y transmitir sus datos de forma segura desde cualquier parte del mundo, lo que permite el trabajo y la colaboración a distancia.

Medios de comunicación social

Las redes sociales se están convirtiendo en un elemento esencial del terreno empresarial ultramoderno, proporcionando a las empresas una potente herramienta para atraer nuevos huéspedes, interactuar con los clientes actuales y aumentar el reconocimiento de la marca. Los sitios de redes sociales como Facebook, Instagram y Twitter tienen más de 4500 millones de usuarios en todo el mundo, lo que los convierte en herramientas de marketing fundamentales para empresas de todos los tamaños.

Las empresas pueden comunicarse de manera más eficiente con sus seguidores objetivo utilizando las redes sociales, fomentar la fidelidad a la marca y aumentar el negocio del sitio web. Además, las redes sociales brindan una variedad de opciones publicitarias, lo que permite a las empresas dirigirse a cultos particulares con anuncios dirigidos. Al hacer esto, las empresas pueden comunicarse de manera más efectiva con nuevos huéspedes y aumentar su retorno de la inversión (ROI).

Inteligencia Artificial (IA)

La inteligencia artificial (IA) se ha convertido en una herramienta cada vez menos importante para las empresas y ofrece una variedad de beneficios, desde perfeccionar el servicio al cliente hasta automatizar procesos. La IA se puede utilizar para diseccionar grandes cantidades de datos, automatizar tareas rutinarias y hacer pronósticos basados en datos literales.

Una de las operaciones más importantes de la IA es el servicio al cliente, donde los lanchas y los compinches virtuales pueden manejar las consultas rutinarias de los clientes, liberando al personal para que se concentre en problemas más complejos. La IA también se puede utilizar para mejorar las operaciones de la cadena de fuerza, lo que permite a las empresas optimizar sus situaciones de fuerza y reducir los costos. En marketing, la IA se puede utilizar para personificar el contenido y la publicidad, perfeccionando la experiencia del cliente e impulsando acuerdos.

comercio electrónico

El comercio electrónico ha transformado la industria minorista, ofreciendo a las empresas una nueva forma de llegar a los huéspedes y vender sus productos en línea. Las empresas pueden utilizar plataformas de comercio electrónico como Shopify, Woo Commerce y Magenta para lanzar una tienda en línea de manera ágil y fluida sin necesidad de conocimientos técnicos o especializados.

El comercio electrónico tiene varias ventajas, que incluyen un seguimiento más amplio, un mejor servicio al cliente y costos operativos más bajos. Las empresas pueden llegar a una audiencia global los siete días de la semana, las 24 horas del día, vendiendo sus productos en línea. El comercio electrónico también permite a las empresas ofrecer recomendaciones individualizadas basadas en los datos del cliente, perfeccionando la experiencia del cliente e impulsando acuerdos.

Análisis de grandes datos

El análisis de big data se ha convertido en una herramienta crucial para las empresas, ya que ofrece percepción de las tendencias de solicitudes de los clientes y el rendimiento empresarial. Al analizar grandes cantidades de datos, las empresas pueden tomar decisiones informadas, identificar oportunidades de crecimiento y optimizar sus operaciones.

El análisis de big data se puede utilizar en una variedad de áreas, desde marketing hasta operaciones de la cadena de suministro. En marketing, las empresas pueden usar datos para personificar el contenido y la publicidad, perfeccionando la experiencia del cliente e impulsando acuerdos. En las operaciones de cadena de fuerza, los datos se pueden utilizar para optimizar las situaciones de fuerza, reducir el desperdicio y mejorar los tiempos de entrega.

Internet de los efectos (IoT)

Internet de los efectos (IoT) se ha convertido en una palabra de moda en los últimos tiempos, en referencia a la red conectada de objetos físicos como vehículos, estructuras y otros objetos que están equipados con detectores, software y conectividad. IoT ofrece a las empresas una variedad de beneficios, desde perfeccionar la efectividad y la productividad hasta crear nuevas vías de ganancias.

Al usar el sesgo de IoT, las empresas pueden recopilar datos sobre sus operaciones y usar estos datos para optimizar sus procesos, reducir costos y mejorar la satisfacción del cliente. Por ejemplo, en la industria manufacturera, los detectores IoT pueden usarse para rastrear el funcionamiento de máquinas y equipos, minimizando el tiempo de espera y los cargos por conservación. En el comercio minorista, los detectores de IoT se pueden usar para rastrear situaciones de fuerza, lo que permite a las empresas reponer productos de manera más eficiente.

Aplicaciones móviles

Las operaciones móviles se han convertido en una herramienta esencial para las empresas, ya que ofrecen una gama de beneficios que van desde perfeccionar el compromiso del cliente hasta aumentar las ganancias. Al desarrollar una aplicación móvil, las empresas pueden ofrecer una experiencia más personalizada a sus huéspedes, permitiéndoles comprar sus productos o servicios sobre la marcha.

Las operaciones móviles también se pueden utilizar para recopilar datos sobre los clientes, lo que permite a las empresas ajustar sus estrategias de marketing y ventas de manera más efectiva. Por ejemplo, al analizar los datos de una aplicación móvil, las empresas pueden identificar qué productos o servicios son los más populares entre sus invitados y usar esta información para desarrollar monstruos de marketing dirigidos.

cadena de bloques

La tecnología Blockchain ha surgido como un cambio de juego en numerosos campos, ofreciendo beneficios similares a una mejor seguridad, transparencia y eficacia. Blockchain es un sistema de conteo descentralizado que permite acuerdos seguros con evidencia de manipulación.

En finanzas, la cadena de bloques se puede utilizar para mejorar la seguridad y la transparencia de los acuerdos fiscales, reduciendo la amenaza de fraude y delitos. En las operaciones de la cadena de suministro, la cadena de bloques se puede usar para rastrear el movimiento de bienes y garantizar que sean auténticos y no falsos.

La seguridad cibernética

Con la dependencia adicional de la tecnología, la seguridad cibernética se ha convertido en una preocupación fundamental para las empresas de todos los tamaños. Los ataques cibernéticos pueden causar filtraciones de datos, pérdidas fiscales y daños a la reputación, por lo que es esencial que las empresas inviertan en medidas sólidas de ciberseguridad.

Mediante el uso de estas herramientas, las empresas pueden proteger sus redes y datos de las trampas cibernéticas y garantizar la integridad de sus operaciones.

En conclusión, la tecnología se ha convertido en una herramienta necesaria para las empresas que buscan alcanzar el crecimiento y el éxito. Desde la computación en la nube hasta la ciberseguridad, las empresas pueden usar una variedad de herramientas y recursos para optimizar sus operaciones, llegar a nuevos huéspedes y obtener una ventaja competitiva en su diligencia por separado. Al mantenerse al día con los últimos avances tecnológicos e incorporarlos a sus operaciones, las empresas pueden posicionarse para el crecimiento y el éxito a largo plazo.

Capítulo 11

Comercialización de su puesta en marcha: construcción de su marca y base de clientes

El marketing es un elemento crítico de cualquier iniciativa exitosa. Es el proceso de promoción y venta de productos o servicios a los huéspedes. El marketing implica una variedad de condicionamientos, desde erigir la conciencia de la marca hasta generar clientes potenciales y cerrar acuerdos. En esta composición, exploraremos las coloridas estrategias y tácticas que las nuevas empresas pueden usar para comercializar sus negocios, construir sus marcas y hacer crecer su base de clientes.

Desarrolle su identidad de marca

El primer paso para vender su incipiency es desarrollar su identidad de marca. Su identidad de marca es la representación visual de su negocio, incluido su tótem, sitio web, accesorios de marketing y otros rudimentos de impresión. La identidad de su marca debe ser armoniosa en todos los canales y reflejar los valores y la personalidad de su empresa.

Para desarrollar la identidad de su marca, comience por definir la misión y la visión de su marca. ¿Qué problema resuelve tu incipiencia, y cuál es tu objetivo final? A continuación, produzca una identidad visual que refleje la personalidad, los valores y la misión de su marca. Esto incluye su tótem, paleta de colores, tipografía y otros rudimentos de diseño.

hacer un sitio web

Su sitio web es su escaparate en línea, donde los huéspedes pueden obtener más información sobre su negocio, productos y servicios. Su sitio web debe ser visualmente encantador, fácil de navegar y optimizado para los motores de búsqueda.

Cuando construya su sitio web, concéntrese en la experiencia del fumeta. Asegúrese de que su sitio web sea receptivo y compatible con dispositivos móviles, para que se vea genial en cualquier dispositivo. Usa un lenguaje claro y conciso para describir tu negocio y sus inmolaciones, e incluye imágenes y videos de alta calidad para mostrar tus productos o servicios.

Influir en las redes sociales

Proporciona una plataforma para conectarse con invitados, hacer conexiones y promocionar su negocio. Hay numerosas plataformas de redes sociales para elegir, incluidas Facebook, Instagram, Twitter y LinkedIn.

Para usar las redes sociales de manera efectiva, comience definiendo su estrategia de redes sociales. Identifique las plataformas que son más aplicables a su negocio y número de seguidores, y desarrolle una estrategia de contenido que se alinee con la identidad y las pretensiones de su marca. Use las redes sociales para interactuar con sus seguidores, compartir contenido aplicable y promocionar sus productos o servicios.

Mercadeo de Contenidos

El proceso de producir y propagar contenido útil, material y armonioso para atraer y mantener a un público objetivo. El contenido puede incluir publicaciones de blog, videos, placas de palabras, documentos técnicos y otros tipos de contenido que brindan valor a sus seguidores.

Para emplear el marketing de contenido de manera efectiva, comience por definir un plan de contenido que se corresponda con la identidad y las pretensiones de su empresa. Identifique los temas que son más aplicables a sus seguidores y desarrolle contenido que les proporcione valor. Participe de su contenido a través de canales coloridos, incluidas las redes sociales, el marketing de distribución y su sitio web.

Despacho de marketing

El marketing de despacho es una herramienta importante para que las nuevas empresas se conecten con los huéspedes y promuevan sus negocios. El marketing de envío implica transferir correos electrónicos promocionales a una lista de suscriptores que han decidido aceptar sus correos electrónicos.

Para trabajar el marketing de despacho de manera efectiva, comience por erigir su lista de despacho. Esto se puede hacer ofreciendo una atracción principal, como un libro electrónico gratuito o un documento técnico, a cambio de direcciones de envío. Utilice el marketing de despacho para promocionar sus productos o servicios, compartir contenido valioso y establecer conexiones con sus suscriptores.

Marketing de Influenciadores

El marketing de influencers implica asociarse con personas influyentes para promocionar sus productos o servicios. Los influencers son personas con muchos seguidores en las redes sociales u otras plataformas que pueden ayudar a promocionar su negocio entre sus seguidores.

Para trabajar el marketing de influencers de manera efectiva, comience relacionando a los influencers que se alinean con la identidad y los valores de su marca. Desarrolle una estrategia sobre cómo se emparejará con personas influyentes, ya sea a través de contenido patrocinado u otros tipos de colaboraciones.

Optimización de máquinas de caza (SEO)

La optimización de la máquina de búsqueda (SEO) es el proceso de optimizar su sitio web y su contenido para clasificarlo como avanzado en los corredores de resultados de la máquina de búsqueda (SERP). Cuando su sitio web aparece avanzado en los resultados de búsqueda, puede impulsar más negocios a su sitio web y aumentar su visibilidad y credibilidad.

Para trabajar el SEO de manera efectiva, comience por realizar una exploración de palabras clave para identificar las palabras clave y las expresiones que busca su público objetivo. Use estas palabras clave en el contenido de su sitio web, incluidos sus títulos, encabezados y descripciones meta. asegúrese de que su sitio web esté bien estructurado y sea fácil de navegar, y que se cargue rápidamente.

Promoción pagada

La publicidad paga implica un gasto plutócrata para anunciar su empresa a través de una variedad de plataformas, incluidas las máquinas de búsqueda, las redes sociales y los anuncios de visualización. Puede expandir su número de seguidores y aumentar el negocio del sitio web mediante el uso de publicidad paga.

Lance definiendo sus objetos publicitarios y eligiendo las plataformas que sean más aplicables para su número de seguidores si desea utilizar la publicidad paga de manera eficiente. Produzca gigantes publicitarios que estén en armonía con la identidad y los objetos de su marca, y también cúbralos para maximizar su presupuesto publicitario.

Asuntos publicos

Para vender su empresa e inducir la exposición, las relaciones públicas (PR) implican establecer conexiones con agentes de inteligencia y medios de comunicación. Puede alcanzar un mayor número de seguidores y mejorar su exposición y carácter con la ayuda de las relaciones públicas.

Produzca una lista de medios de inteligencia y publicaciones que cubran temas aplicables a su empresa para comenzar a usar las relaciones públicas con éxito. Presente su historia a los agentes de inteligencia y los medios de comunicación mientras desarrolla un plan de relaciones públicas que esté en armonía con la identidad y los objetos de su marca.

La comercialización del afiliado

El objetivo del marketing de referencia es lograr que los invitados recomienden su empresa a sus mosqueteros y familiares. La creación de conexiones con sus consumidores y la generación de nuevos prospectos pueden realizarse a través del marketing de referencia.

Produzca un programador de referencias que recompense a sus invitados por relacionar a sus mosqueteros y familiares con su empresa para utilizar de manera efectiva el marketing de referencia. Esto se puede hacer a través de descuentos, productos gratuitos u otros premios.

En conclusión, vender su incipiente es fundamental para crear un nombre para usted y una clientela. Al definir la identidad de su marca, crear un sitio web, utilizar las redes sociales, el marketing de contenido, el marketing de distribución, el marketing de influencers, el SEO, la publicidad paga, las relaciones públicas y el marketing de referencia, puede promocionar su empresa de manera efectiva e inducir el crecimiento de su establecimiento. Es fundamental diseñar una estrategia de marketing exhaustiva que se corresponda con la identidad y las pretensiones de su marca, y analizar y actualizar periódicamente su condicionamiento de marketing para asegurarse de que está alcanzando su número de seguidores objetivo y produciendo resultados para su asociación.

Capítulo 12

Estrategias de Ventas: Cerrar tratos y aumentar los ingresos

Cualquier asociación que quiera cerrar tratos y aumentar las ganancias debe tener estilos de trato efectivos. Las estrategias de ofertas efectivas ayudan a las empresas a establecer conexiones con sus huéspedes, comprender sus requisitos y preferencias y producir resultados que aborden sus puntos débiles. Esta publicación repasará 10 formas de aumentar las ganancias y ayudar a su empresa a cerrar tratos.

Elija un número de seguidores objetivo

El primer paso para crear una estrategia comercial exitosa es determinar quién es su cliente objetivo. Esto implica ser aprensivo con su demografía, gustos, problemas y afrontamiento.

patrones. Comprender su solicitud de destino puede ayudarlo a producir resultados que reflejen sus condiciones y preferencias, así como a personalizar su estrategia comercial para transmitir de manera efectiva los beneficios de sus bienes o servicios.

Producir una fuerte identidad de marca

Un elemento crucial del enfoque de cualquier acuerdo es la identidad de su marca. Se incluyen la personalidad, las creencias, los mensajes y la identidad visual de su marca. Generar confianza con sus invitados, destacarse de la competencia y brindar una experiencia de cliente memorable e intrigante se puede lograr con una fuerte identidad de marca.

Desarrolle su canal de ofertas

El sistema que empleas para convertir invitados implícitos en huesos de pago se conoce como su canal de ofertas. Esto incluye relacionarse con prospectos implícitos, nutrirlos a través del proceso del trato y cerrar el trato. Para mover de manera eficiente a los huéspedes implícitos a través del canal de ofertas, debe comprender las etapas del viaje del cliente y ajustar su estrategia para cada una.

Produzca Vínculos con Sus Huéspedes

Para que usted desarrolle conexiones con los clientes y gane su confianza y fidelidad. Esto implica prestar mucha atención a sus deseos y requisitos, dar resultados aclimatados y brindar un excelente servicio al cliente. Puede aumentar la retención de clientes y alentar la repetición de negocios cultivando excelentes conexiones con sus consumidores.

Utilice formas de tratos como influencia

Para transmitir de manera persuasiva el valor de sus productos o servicios y cerrar tratos, se pueden utilizar una variedad de estrategias. Esto incluye la capacidad de escuchar laboriosamente, manejar objeciones y negociar. Puede convencer a las personas del valor de sus productos o servicios y cerrar tratos al aprender estas estrategias.

Hacer uso de la tecnología

La tecnología tiene el potencial de ser un potente instrumento para hacer negocios y aumentar las ganancias. El uso de software de administración de relaciones con los clientes (CRM) para manejar los datos de los clientes, la automatización de los procesos de acuerdos y el uso de análisis para cubrir y mejorar los problemas de los acuerdos son solo algunos ejemplos de cómo hacerlo.

Al utilizar el marketing de contenidos, agrega valor

La creación y propagación de material instructivo que atrae a los seguidores de su objetivo y aumenta la atención a la marca se conoce como marketing de contenido. Puede generar confianza con sus invitados y establecer su marca como un líder intelectual en su campo agregando valor a su contenido.

Promocionar y ofrecer impulsos

Las elevaciones y los impulsos pueden ser estrategias importantes para sumar tratos y ganancias. Para animar a los huéspedes a realizar una compra, esto incluye rebajas de mobiliario, entradas y ofertas especiales. Puede aumentar la fidelidad del cliente y fomentar la repetición de negocios ofreciendo estos precios.

Trabajar junto con otros

Asociarse con empresas puede ayudarlo a aumentar su alcance y aumentar las ganancias. Esto implica unirte con empresas de tu sector o en huesos afiliados

para ofrecer resultados empaquetados o co-mercadear los bienes o servicios de otros.

Desarrollo Continuo

La optimización de su estrategia comercial y el fomento del crecimiento comercial requieren una mejora constante. Esto implica observar y examinar los datos de su oferta, experimentar con ideas y estilos nuevos, y aprender continuamente sobre los deseos y requisitos de sus invitados y adaptarse a ellos.

Las tácticas efectivas de cierre de tratos son fundamentales para cerrar tratos y agregar ingresos para su empresa. Puede generar ofertas con éxito y aumentar las ganancias para su empresa determinando su solicitud objetivo, creando su identidad de marca, creando su canal de ofertas, cultivando conexiones con sus invitados, utilizando formas de ofertas, ejercitando la tecnología, ofreciendo valor a través del marketing de contenido, proporcionando impulsos y elevaciones. , trabajar con amigos y perfeccionar continuamente su estrategia de acuerdos. Para asegurarse de que está generando la mayor ganancia posible, es fundamental contar con una estrategia de acuerdo completa que esté en línea con los objetivos de su empresa. También debe evaluar y mejorar regularmente sus sudores.

Poner la experiencia del cliente primero

Para construir conexiones duraderas con sus invitados, debe ofrecer una gran experiencia al cliente. Esto implica brindar un servicio al cliente de primer nivel, mantener su palabra y hacer que el proceso de compra sea simple y fácil. Puede aumentar la fidelidad del cliente y alentar la repetición de negocios al poner un fuerte énfasis en la experiencia del cliente.

Establecer objetos alcanzables

Para medir con demasiado éxito el rendimiento de su plan de acuerdos, se deben establecer pretensiones de acuerdos objetivos. Esto implica establecer pretensiones tanto a corto como a largo plazo que estén en línea con los objetivos de su empresa y hacer un seguimiento de su éxito al hacerlo. Puede realizar un seguimiento eficiente de su progreso y cambiar su plan según sea necesario para asegurarse de que está en el buen camino para negociar sus pretensiones estableciendo pretensiones realistas.

Gastar plutócrata en entrenamiento y crecimiento.

Es posible asegurarse de que su equipo de tratos tenga las capacidades y el conocimiento necesarios para vender sus bienes o servicios y cerrar tratos invirtiendo en su capacitación y desarrollo. Esto implica ofrecer vacantes para la formación y el coaching ininterrumpidos, así como para el desarrollo y la creación profesional. Puede producir un pelotón de alto rendimiento que sea adecuado para impulsar tratos y aumentar las ganancias de su empresa invirtiendo en su personal de tratos.

Gastar plutócrata en educación y desarrollo.

Al invertir en su capacitación y desarrollo, puede asegurarse de que su pelotón de acuerdos tenga las habilidades y los conocimientos necesarios para vender sus productos o servicios y cerrar acuerdos. Ofrecer oportunidades para el entrenamiento y la formación continua, así como para el avance y la creación de carrera, se incluye en este orden. Al invertir en su equipo de negocios, puede crear un pelotón de alto rendimiento que puede generar negocios y aumentar los ingresos de su negocio.

Para que cada asociación cierre acuerdos y aumente las ganancias, los estilos de acuerdos efectivos son fundamentales. Concentrándose en relacionar su solicitud de destino, creando su identidad de marca, creando su canal de ofertas, cultivando conexiones con sus invitados, ejercitando formas de ofertas, ejercitando tecnología, proporcionando valor a través de marketing de contenido, proporcionando impulsos y elevaciones, trabajando con compañeros, perfeccionando continuamente sus ofertas estrategia, concentrándose en la experiencia del cliente, estableciendo pretensiones razonables, invirtiendo en capacitación y desarrollo, midiendo y ensayando sus resultados, etc., puede aumentar sus negocios. Para garantizar que está promoviendo un crecimiento sostenible, es fundamental contar con un plan de negociación completo que esté en línea con los objetivos de su empresa. También debe estimar y optimizar regularmente sus ofertas.

Capítulo 13

Escalando su negocio: navegando por el crecimiento y la expansión

Para los empresarios, abarcar un establecimiento puede ser un momento tanto instigador como delicado. La próxima fase, anteriormente un lanzamiento, es crecer ingresando nuevas solicitudes, impulsando acuerdos y perfeccionando la efectividad funcional. Aún así, para garantizar que el crecimiento sea económico y sostenible, hacer crecer un establecimiento requiere una planificación y un procesamiento rigurosos. Las tácticas para hacer crecer su negocio y navegar por el crecimiento y la expansión se tratarán en esta publicación.

Establezca los objetivos y la visión de su empresa.

Es fundamental tener una comprensión firme de los objetivos y la visión de su empresa antes de medirla. Esto implica averiguar el número de seguidores de su objetivo, sondear a sus rivales y desarrollar una propuesta de valor de nombre. Su capacidad para producir una estrategia de crecimiento que sea enfocada y productiva, al mismo tiempo que esté en línea con su visión general, depende de su capacidad para comprender fácilmente sus objetivos comerciales.

Producir un pelotón importante

Ampliar su establecimiento requiere erigir un pelotón sólido. Contratar personas brillantes que compartan su visión y valores, brindarles las herramientas y el apoyo que necesitan para prosperar y cultivar un ambiente de trabajo innovador son todos ejemplos de esto. Puede utilizar el conocimiento agregado de su personal para impulsar el crecimiento y la expansión reuniendo un pelotón competente.

Construya sus procedimientos comerciales

Debe implementar procesos efectivos y exitosos si desea hacer crecer su establecimiento. Esto implica optimizar sus procedimientos comerciales, automatizarlos cuando pueda y perfeccionar continuamente su flujo de trabajo. Puede impulsar su negocio, reducir costos y mejorar la calidad general de sus productos o servicios perfeccionando sus procedimientos comerciales.

Usa la tecnología

La tecnología tiene el potencial de ser un potente instrumento para hacer crecer su empresa. Esto incluye hacer uso de tecnologías y herramientas para optimizar las operaciones, aumentar la productividad y mejorar la satisfacción del cliente. Por ejemplo, puede utilizar las plataformas de redes sociales para comunicarse con los huéspedes y promocionar su marca, mientras que un sistema de gestión de relaciones con los clientes (CRM) puede ayudarle a gestionar las relaciones con los clientes y los datos de las transacciones.

Amplíe el mercado al que sirve

Una de las tácticas principales para hacer crecer su negocio es aumentar el alcance de sus solicitudes. Esto implica elegir nuevas solicitudes o partes de solicitudes a las que dirigirse, crear bienes o servicios nuevos para alimentar a esos consumidores y ampliar sus redes de distribución. Puede hacer crecer su base de consumidores, obtener más beneficios y diversificar su negocio ampliando el alcance de sus solicitudes.

Establecer Alianzas Estratégicas

La creación de alianzas estratégicas puede ayudarlo a hacer crecer su empresa y atender de manera eficiente las nuevas solicitudes. Esto implica unirse a asociaciones o negocios que son recíprocos a los suyos pero que tienen pretensiones y valores análogos. Puede perforar cofres nuevos, admitir información perspicaz y aprovechar las habilidades de sus compañeros para acelerar el crecimiento trabajando con otras empresas.

Levantar plutócrata

Para medir su establecimiento, necesita constantemente más plutócratas para apoyar el desarrollo y la expansión. Esto incluye la adopción de plutócratas, la emisión de acciones y la obtención de préstamos de inversores o asociaciones fiscales. Puede hacer crecer su empresa de marketing, comprar nuevos bienes, servicios o tecnologías, aumentar su capacidad para operar y más mediante la recaudación de fondos.

Observar y modificar su enfoque

Es importante revisar y modificar continuamente su plan a medida que su empresa crece. Para maximizar sus ganancias, debe realizar un seguimiento de los indicadores de rendimiento cruciales (KPI) como el crecimiento de las ganancias, los cargos por adquisición de clientes y las tasas de retención de clientes. Puede asegurarse de que su empresa se está expandiendo de manera sostenible y económica realizando un seguimiento regular del rendimiento y modificando su plan.

Para garantizar que el crecimiento sea económico y sostenible, abarcar un establecimiento implica una planificación y un procesamiento rigurosos. Puede navegar con éxito por el crecimiento y la expansión y medir su negocio definiendo sus pretensiones y visión comerciales, reuniendo un pelotón sólido, desarrollando sus procesos comerciales, ejercitando la tecnología, ampliando el alcance de sus solicitudes, formando conexiones estratégicas, recaudando capital y observando y modificando su estrategia. . Para garantizar que está promoviendo un crecimiento sostenible para su empresa, es fundamental tener en cuenta sus pretensiones, diseccionar su progreso y mejorar continuamente sus estilos.

capitulo 14

Evitar las trampas empresariales comunes

El viaje empresarial es emocionante y está lleno de oportunidades y dificultades. De hecho, incluso los dueños de negocios más experimentados pueden cometer errores de cálculo debido a las numerosas trampas de la diligencia, a pesar de la eventualidad de enormes beneficios. En esta composición, hablaremos sobre algunos problemas comerciales típicos y cómo resolverlos.

Problemas de enfoque

La falta de atención es uno de los errores de cálculo más típicos de los negocios. Esto puede aparecer en una variedad de formas, similar a tratar de explorar simultáneamente demasiadas ideas de negocios o priorizar tareas de manera inapropiada. Es fundamental priorizar sus pretensiones y objetivos y tener una visión clara para que su empresa escape de esta trampa. Elabora un plan estratégico que explique las pretensiones de tu empresa y las acciones que debes realizar para negociarlas. Delegue o subcontrate trabajos que no son fundamentales para su negocio principal para que pueda concentrarse en los huesos

Eso tendrá la mayor influencia en su empresa.

No poder confirmar la solicitud

La falta de validación de la solicitud es otro boob frecuente

Numerosos dueños de negocios tienen ideas brillantes, pero con frecuencia se olvidan de probar esas ideas con invitados factuales. Es fundamental llevar a cabo una exploración de solicitudes antes de iniciar su establecimiento para comprender la solicitud de su objetivo, sus demandas y su disposición a pagar por su bien o servicio. Esto puede ayudarlo a perfeccionar la concepción de su negocio, detectar posibles rivales y crear un plan de marketing que atraiga a su público objetivo.

Operación fiscal tímida

Otra trampa típica del emprendedor es una mala operación plutocrática. Es fundamental mantener registros fiscales adecuados y controlar cuidadosamente sus ganancias y cargos. Produzca una estrategia fiscal que detalle su plan de gastos, las proyecciones de entrada de efectivo y los objetivos de ganancias. Para ayudarlo a administrar sus finanzas y tomar decisiones fiscales acertadas, piense en trabajar con un contador o asesor fiscal.

Deficiencia de Resiliencia

Hay numerosos altibajos en el viaje empresarial. Es fundamental tener adaptabilidad y la capacidad de recuperarse de los fracasos si quieres ser un emprendedor exitoso. Cuando desafían las dificultades o los fracasos, numerosos empresarios pierden la provocación. Enfócate en establecer adaptabilidad y una estación de crecimiento para evitar caer en esta trampa. Sigue creyendo en lo tuyo para tu empresa y admite que los fracasos son oportunidades para crecer.

Falta de tiempo de operación

Para los dueños de negocios que quieren ser productivos y tener éxito, las habilidades de gestión del tiempo son fundamentales. Numerosos dueños de negocios tienen problemas para administrar su tiempo porque intentan hacer demasiadas tareas a la vez. Prioriza tus funciones y administra bien tu tiempo para evitar esta trampa. Para ayudarlo a mantenerse al día y administrar con éxito su carga de trabajo, piense en emplear herramientas de productividad como operaciones de sombra de tiempo o software de operaciones de diseño.

Falta de delegación

Numerosos dueños de negocios cometen el error de tratar de manejar todo por su cuenta. Delegar responsabilidades a otros es tan vital como estar activo e involucrado en su negocio. Al asignar trabajos a otros, puede aumentar la productividad, concentrarse en sus tareas principales en la planta y alentar a las personas a aprender nuevas habilidades y asumir la responsabilidad de su trabajo. Para gestionar tu carga de trabajo y ampliar tu establecimiento, imagina añadir personal, subcontratar trabajo o trabajar con autónomos.

No ser adaptable

Los empresarios que quieren tener éxito en un terreno empresarial en constante cambio deben ser adaptables. Numerosos dueños de negocios se fijan en sus formas y no son aptos para cambiar con los tiempos o responder a los cambios solicitados. Manténgase al tanto de los movimientos de solicitudes y esté preparado para cambiar su plan de negocios según sea necesario para evitar este escollo. Para expandir su empresa, esté abierto a las generalidades frescas ya los tomadores de amenazas.

En conclusión, ser emprendedor es un camino delicado que requiere constancia, empeño y fidelidad. Evitar los típicos errores de cálculo como la falta de atención, la falta de validación de la solicitud, la mala operación fiscal, la falta de adaptabilidad, la timidez en el manejo del tiempo, la falta de delegación y la falta de adaptación son fundamentales para el éxito como emprendedor.

Capítulo 15

Administración de sus finanzas: elaboración de presupuestos, pronósticos y flujo de caja

El viaje empresarial es emocionante y está lleno de oportunidades y dificultades. De hecho, incluso los dueños de negocios más experimentados pueden cometer errores de cálculo debido a las numerosas trampas de la diligencia, a pesar de la eventualidad de enormes beneficios. En esta composición, hablaremos sobre algunos problemas comerciales típicos y cómo resolverlos.

Problemas de enfoque

La falta de atención es uno de los errores de cálculo más típicos de los negocios. Esto puede aparecer en una variedad de formas, similar a tratar de explorar simultáneamente demasiadas ideas de negocios o priorizar tareas de manera inapropiada. Es fundamental priorizar sus pretensiones y objetivos y tener una visión clara para que su empresa escape de esta trampa. Elabora un plan estratégico que explique las pretensiones de tu empresa y las acciones que debes realizar para negociarlas. Concéntrese en las tareas que tendrán el mayor impacto en su negocio y delegue o subcontrate las tareas que no son esenciales para su negocio principal.

No poder confirmar la solicitud

La falta de validación de la solicitud es otro boob frecuente

Numerosos dueños de negocios tienen ideas brillantes, pero con frecuencia se olvidan de probar esas ideas con invitados factuales. Es fundamental llevar a cabo una exploración de solicitudes antes de iniciar su establecimiento para comprender la solicitud de su objetivo, sus demandas y su disposición a pagar por su bien o servicio. Esto puede ayudarlo a perfeccionar la concepción de su negocio, detectar posibles rivales y crear un plan de marketing que atraiga a su público objetivo.

Operación fiscal tímida

Otra trampa típica del emprendedor es una mala operación plutocrática. Es fundamental mantener registros fiscales adecuados y controlar cuidadosamente sus ganancias y cargos. Produzca una estrategia fiscal que detalle su plan de gastos, las proyecciones de entrada de efectivo y los objetivos de ganancias. Para ayudarlo a administrar sus finanzas y tomar decisiones fiscales acertadas, piense en trabajar con un contador o asesor fiscal.

no ser flexible

El viaje del emprendimiento está plagado de altibajos. Ser flexible y capaz de recuperarse de los lapsos son habilidades fundamentales que deben tener los empresarios. Cuando se enfrentan a desafíos o fastidios, numerosos dueños de negocios pierden la provocación. Enfócate en tener una mentalidad de crecimiento y adaptabilidad de la estructura para evitar caer en esta trampa. Eso significa que los lapsos son oportunidades para crecer y aprender y para mantener un compromiso con la visión de su negocio.

Falta de tiempo de operación

Para los dueños de negocios que quieren ser productivos y tener éxito, las habilidades de gestión del tiempo son fundamentales. Numerosos dueños de negocios tienen problemas para administrar su tiempo porque intentan hacer demasiadas tareas a la vez. Prioriza tus funciones y administra bien tu tiempo para evitar esta trampa. Para ayudarlo a mantenerse al día y administrar con éxito su carga de trabajo, piense en emplear herramientas de productividad como operaciones de sombra de tiempo o software de operaciones de diseño.

Falta de delegación

Numerosos dueños de negocios cometen el error de tratar de manejar todo por su cuenta. Delegar responsabilidades a otros es tan vital como estar activo e involucrado en su negocio. Al asignar trabajos a otros, puede aumentar la productividad, concentrarse en sus tareas principales en la planta y alentar a las personas a aprender nuevas habilidades y asumir la responsabilidad de su trabajo. Para administrar su carga de trabajo y expandir su establecimiento, piense en agregar personal, subcontratar trabajo o trabajar con trabajadores independientes.

No ser adaptable

Los empresarios que quieren tener éxito en un terreno empresarial en constante cambio deben ser adaptables. Numerosos dueños de negocios se fijan en sus formas y no son aptos para cambiar con los tiempos o responder a las solicitudes de cambios. Manténgase al tanto de los movimientos de solicitudes y esté preparado para cambiar su plan de negocios según sea necesario para evitar este escollo. Para expandir su empresa, esté abierto a nuevas generalidades y personas que toman amenazas.

En conclusión, ser emprendedor es un camino delicado que requiere constancia, trabajo duro y fidelidad. Evitar los típicos errores de cálculo, como la falta de atención, la falta de validación de la solicitud, la mala operación fiscal, la falta de adaptabilidad, la timidez en el manejo del tiempo, la falta de delegación y la falta de adaptación, es fundamental para el éxito como emprendedor.

capitulo 16

Gestión eficaz del tiempo: Priorización y delegación de tareas

Los empresarios y directores de empresas necesitan ser directores a tiempo completo. Puede ser delicado administrar con éxito su tiempo y negociar sus pretensiones profesionales cuando tiene tantos deberes y responsabilidades que cumplir. En esta publicación, examinaremos la importancia de establecer prioridades y asignar tareas a otros como tácticas esenciales para una gestión eficaz del tiempo.

Poner las tareas en orden

Establecer prioridades para el trabajo es uno de los factores más importantes en la gestión eficaz del tiempo. Puede concentrarse en las puntuaciones más importantes y dedicar su tiempo y recursos en consecuencia priorizando sus funciones. A continuación se incluyen algunos consejos para establecer la precedencia de sus tareas.

Elija sus tareas más importantes Comience eligiendo las tareas más importantes para lograr sus objetivos comerciales. Estos podrían implicar condicionamientos que aumenten la felicidad del cliente, atraigan nuevos invitados o produzcan ganancias.

Una vez que haya determinado qué tareas son las más importantes, ordénelas según su importancia. Tenga en cuenta el tiempo y los recursos que demanda ejecutar cada tarea, así como también cómo puede afectar los objetivos de su negocio.

Establece plazos Después de que hayas priorizado tus tareas; dar a cada uno un plazo específico. Esto asegurará que permanezcas responsable y concentrado mientras avanzas con tus tareas más importantes.

Por último, pero no menos importante, planifique sus tareas para que pueda usar su tiempo y sus arcas de la manera más eficiente posible. A la hora de planificar tareas, ten en cuenta tus situaciones energéticas y tu estilo de trabajo, e incluye pausas y descansos para evitar el colapso.

Dar tareas a otros

Otra moda esencial para la operación efectiva del tiempo es la delegación. Puede liberar tiempo y concentrarse en sus puntajes más importantes asignando tareas a otros. A continuación se presentan algunos consejos para asignar tareas de manera efectiva

Elija Tareas para Asignar Comience eligiendo Tareas que pueden ser asignadas a otros. Estos pueden incluir trabajos que están fuera de su área de interés, trabajos que requieren mucho tiempo pero que son insignificantes, o efectos que otros pueden realizar de manera más efectiva.

Una vez que haya decidido qué tareas asignar, elija las personas correspondientes para admitirlas. Elija los miembros del pelotón o los trabajadores que mejor se adapten a cada tarea teniendo en cuenta su carga de trabajo, experiencia y conjunto de habilidades.

Dar instrucciones específicas al asignar trabajos; dar instrucciones específicas sobre lo que se debe hacer, cómo se debe hacer y los plazos o reglas aplicables. Esto garantizará que el trabajo se realice con eficacia y mansedumbre.

Eventualmente, establezca perspectivas precisas para la asignación y su finalización. Esto podría incluir fechas de vencimiento, criterios de calidad y cualquier otra información importante. Puede garantizar que la tarea se termine a su entera satisfacción y evitar errores de interpretación o comunicación al establecer perspectivas claras.

Ventajas de establecer precedencias y delegar

Establecer precedencia y asignar deberes a otros son formas de operación de tiempo fundamentales que tienen numerosas ventajas para los propietarios y directores de negocios. Entre las muchas ventajas de priorizar y delegar se incluyen las siguientes

Mayor productividad Puede aumentar su productividad y negociar más en menos tiempo concentrándose en su acondicionamiento más importante y asignando otras responsabilidades.

Reducción del estrés y el agotamiento Al asegurarse de que no está sobrecargado por su carga de trabajo, priorizar tareas y asignar responsabilidades puede ayudar a reducir el estrés y ayudar a colapsar.

Más toma de decisiones Al establecer prioridades y asignar deberes a otros, puede liberar espacio cerebral y concentrarse en tareas importantes de toma de decisiones, incluida la elaboración de estrategias de la empresa o la posibilidad de nuevos invitados.

Mayor compromiso manual Al ofrecer a los miembros de su pelotón la oportunidad de asumir nuevos desafíos y responsabilidades, la delegación de funciones puede ayudar a aumentar el compromiso manual.

Mayor flexibilidad Puede aumentar su rigidez e inflexibilidad, que son necesarias para gestionar las condiciones de las solicitudes de cambio, delegando trabajos y priorizando su carga de trabajo. La operación efectiva del tiempo a través de la priorización de trabajos y la delegación de responsabilidades también puede afectar una mejor comunicación, un mejor equilibrio entre el trabajo y la vida personal y una mayor rentabilidad, además de las ventajas enumeradas anteriormente.

Mejorar la comunicación

Puede mejorar la comunicación dentro de su pelotón o asociación estableciendo prioridades y asignando tareas. Para asegurarse de que todos estén en el mismo camino y trabajen con las mismas pretensiones, es esencial una comunicación clara. Priorizar el trabajo y asignar tareas lo ayuda a interactuar con los miembros de su pelotón de manera más efectiva, brindando instrucciones claras y comentarios para asegurarse de que las tareas se completen con rapidez y precisión.

Balance de vida laboral avanzado

Un mayor equilibrio entre el trabajo y la vida también puede afectar formas efectivas de operación del tiempo como la priorización de tareas y la delegación de responsabilidades. Puedes darte a ti mismo y a tu vida particular más tiempo concentrándote en tus deberes más importantes y asignando otros. Puede evitar el colapso, mejorar su bienestar interno y, como resultado, volverse más productivo tanto en su trabajo como en su vida personal.

Rentabilidad avanzada

También se puede lograr una mayor rentabilidad a través de formas efectivas de operación del tiempo, como priorizar el trabajo y asignar deberes a otros. Puede asegurarse de que su negocio funcione de manera fácil y eficiente concentrándose en sus tareas más importantes y asignando otras funciones. Esto puede respaldar los avances en la división de costos, la reducción de costos y la satisfacción del cliente, todo lo cual puede conducir a una mayor rentabilidad. Dificultades de priorización y delegación Si bien establecer prioridades y asignar tareas a otros puede tener una variedad de ventajas, existen ciertas desventajas que se deben tener en cuenta. Luego hay muchas dificultades y resultados típicos. Confianza Si no tiene plena fe en los miembros o trabajadores de su pelotón, delegar deberes puede ser delicado. Para evitar esto, suponga que ofrece capacitación o apoyo para brindarles a los miembros de su pelotón las capacidades y la seguridad de tono que necesitan para terminar la tarea con éxito.

El trabajo de delegación de microgestión puede ser delicado si está acostumbrado a estar directamente involucrado en cada elemento de su asociación. Establezca prospectos y reglas claros por adelantado, ofrezca retroalimentación y apoyo regulares para asegurarse de que la tarea se cumpla a su satisfacción y evite la microgestión.

Restricciones de tiempo Puede ser delicado priorizar bien los trabajos si tiene un plazo corto o muchas arcas. Para sortear esto, suponga que se divide el condicionamiento más grande en copas más bajas y más fáciles de administrar y que cataloga su tiempo y sus arcas mansamente.

Resistencia al cambio Delegar responsabilidades puede ser un gran cambio si está acostumbrado a hacerlo todo usted mismo. Comience poco a poco y asigne tareas gradualmente para superar la resistencia al cambio. Esto le permitirá aumentar la posición de confianza de su pelotón y facilitarle la delegación de tareas.

Conclusión

Los empresarios y los directores de empresas deben priorizar el condicionamiento y asignar tareas a otros para administrar su tiempo de manera efectiva. Puede aumentar su productividad, disminuir el estrés y el colapso, y mejorar su capacidad de opinar al dar prioridad a sus deberes más importantes y asignar otros trabajos. Las ventajas de priorizar y delegar la convierten en una habilidad fundamental para que la adquiera cualquier emprendedor o líder empresarial, a pesar de las dificultades que puedan surgir. Puede aprovechar al máximo su tiempo y sus arcas, negociar sus objetivos profesionales e impulsar su empresa al éxito poniendo en práctica estas formas.

capitulo 17

Equilibrio entre el trabajo y la vida: cómo mantener su salud y sus relaciones

Los empresarios y directivos de empresas deben lograr un sano equilibrio entre su vida personal y profesional. Puede ser delicado lograr un equilibrio entre las demandas del trabajo y una vida en particular, pero hacerlo es fundamental para el éxito a largo plazo, una vida saludable y conexiones sólidas. Este ensayo examinará la importancia del equilibrio entre el trabajo y la vida y dará algunos consejos para conservarlo.

La necesidad del equilibrio entre el trabajo y la vida personal

El equilibrio entre el trabajo y la vida es fundamental por una variedad de razones, que incluyen

Salud mental Es fundamental para su salud interna mantener un equilibrio saludable entre el trabajo y la vida. El estrés, la ansiedad y el colapso pueden ser el resultado de sobrepasar o descuidar su vida particular. Es fundamental darse espacio para relajarse y rejuvenecer.

Su salud física puede verse afectada por un mal equilibrio entre el trabajo y la vida. Sobrepasarse puede causar cansancio, falta de sueño y otros problemas de salud. Puede mantener una buena salud física haciendo tiempo para el ejercicio, una dieta nutritiva y una buena nutrición.

Conexiones establecer y mantener conexiones sólidas requiere un buen equilibrio entre el trabajo y la vida personal. Descuidar tu vida particular puede dañar tus lazos con la familia y los mosqueteros y hacerte sentir solo.

La productividad puede aumentar manteniendo un equilibrio saludable entre el trabajo y la vida personal, lo que nos lleva a nuestro punto final. Puede completar más tareas en menos tiempo cuando está bien descansado, amplificado y concentrado. A largo plazo, cuidarse y tomar descansos puede aumentar su productividad.

Estilos para conservar el equilibrio entre el trabajo y la vida

Aunque mantener un equilibrio entre el trabajo y la vida puede ser delicado, existen varios estilos que puede emplear. Entonces hay muchos consejos

Priorice su tiempo Establecer prioridades para su tiempo es uno de los efectos más importantes que puede hacer para mantener un equilibrio saludable entre el trabajo y la vida. En el trabajo, concéntrese en los deberes más importantes y programe el tiempo para su vida particular. Al igual que lo haría con las tareas relacionadas con su trabajo, reserve tiempo para usted en su horario.

Establecer un límite poner límites entre tu vida particular y profesional es inversamente fundamental. No use un tiempo particular para revisar los correos electrónicos del trabajo o responder llamadas comerciales. Sea transparente en su comunicación con su pelotón y personal con respecto a su vacancia y ausencias.

Delegue trabajos: puede liberar tiempo para su vida particular asignando trabajos a miembros del equipo o trabajadores. Trabaje con su pelotón para identificar los trabajos que se pueden asignar y también asegúrese de que tengan el conocimiento y las herramientas necesarias para realizarlos debidamente.

Tome pausas Hacer pausas regulares puede mantenerlo lleno de energía y concentrado durante todo el día. Sal a dar un paseo, tómate un café o dedica un tiempo a un profundo estudio o contemplación. Puede refrescarse y recuperar el enfoque tomando estos descansos.

Practique el cuidado del tono Mantener un equilibrio saludable entre el trabajo y la vida requiere ensayar el cuidado del tono. El ejercicio, una dieta balanceada y las prácticas para aliviar el estrés como el yoga o la contemplación pueden caer bajo este orden. No olvides cuidarte y participar en un acondicionamiento placentero.

Figurar lazos sólidos Mantener un equilibrio entre la vida laboral y personal depende de tener lazos sólidos con la familia y los mosqueteros. Tómese un tiempo para el condicionamiento social y un intento de mantener conexiones con las individualidades que son significativas en su vida.

Decir no es una habilidad fundamental para establecer un equilibrio saludable entre el trabajo y la vida. Es respetable rechazar otras tareas o sistemas si se siente demasiado comprometido o si no tendrá tiempo para completarlos. Ponga los deberes más importantes primero y también asigne los demás.

Conclusión

Los líderes de la empresa y los empresarios deben mantener un equilibrio entre el trabajo y la vida personal. Es fundamental para sus conexiones, productividad y cordialidad interna y física. Puede establecer un equilibrio saludable entre el trabajo y la vida y el éxito a largo plazo tanto en su vida personal como profesional al priorizar su tiempo, establecer límites, delegar responsabilidades, tomar descansos, ensayar el cuidado del tono, desarrollar conexiones sólidas y aprender a decir no.

Establezca pretensiones realistas Otra táctica fundamental para conservar el equilibrio entre el trabajo y la vida es establecer pretensiones realistas. Asegúrese de tener en cuenta tanto su vida personal como profesional al hacer pretensiones. Determine qué es lo que más le importa y asegúrese de reservar tiempo para esas precedencias.

La tecnología puede ayudarlo a administrar su equilibrio entre el trabajo y la vida personal, pero también puede ser una distracción. Usa la tecnología sabiamente para evitar esto. Establezca restricciones de tiempo frente a la pantalla y el coro de ver correos electrónicos o despachos relacionados con el trabajo durante su tiempo libre para hacer un buen uso de la tecnología.

Dormir lo suficiente es fundamental para conservar un equilibrio saludable entre el trabajo y la vida. La fatiga, la baja productividad y otros problemas de salud pueden afectar por no dormir lo suficiente. Para mantenerse renovado y amplificado, intente dormir al menos 7 u 8 horas cada noche.

Tome recreos regulares Mantener un equilibrio saludable entre el trabajo y la vida requiere tomar recreos regulares. De hecho, al iniciar un nuevo negocio, puede ser tentador trabajar continuamente, pero tomar descansos es esencial para recargar energías y evitar el colapso. Planifica recreos regulares y utilízalos para desconectarte del trabajo y concentrarte en tu vida particular.

Eventualmente, pedir el apoyo de otros puede ayudarlo a mantener un equilibrio saludable entre el trabajo y la vida. Explique sus dificultades con un familiar o amigo de confianza, o suponga que está considerando contratar a un entrenador o terapeuta. A medida que maneja las dificultades de su trabajo y de su vida particular, pueden ofrecerle apoyo y dirección.

En conclusión, los líderes empresariales y los empresarios deben mantener un equilibrio saludable entre el trabajo y la vida personal. Puede lograr un equilibrio saludable entre el trabajo y la vida y el éxito a largo plazo tanto en su vida personal como profesional al priorizar su tiempo, establecer límites, delegar tareas, tomar descansos, ensayar el cuidado del tono, desarrollar conexiones sólidas, establecer pretensiones realistas, usar tecnología. sabiamente, dormir lo suficiente, tomar vacaciones

Tiempo y búsqueda de apoyo. Es fundamental tener en cuenta que cambiar el equilibrio entre el trabajo y la vida es un proceso que requiere una revisión constante a medida que su precedencia como persona y como trabajador cambia con el tiempo. Pero es posible lograr un equilibrio satisfactorio y duradero entre el trabajo y la vida personal con las tácticas y el respaldo correctos.

capitulo 18

Devolviendo: Responsabilidad Social Corporativa y Filantropía

La filantropía y la responsabilidad social comercial (RSE) son factores significativos en la realización de negocios en el mundo ultramoderno. Las empresas pueden tener un impacto saludable en sus comunidades, desarrollar fidelidad a la marca y atraer a los mejores talentos al priorizar la retribución a la sociedad y al terreno. Esta composición resaltará las ventajas de la filantropía y la responsabilidad social comercial, así como estilos coloridos para hacer cumplir estas ideas en su empresa.

Bienes positivos de la Filantropía y la mejora del carácter de la responsabilidad social comercial La mejora del carácter es una de las principales ventajas de la RSE y la filantropía. Las empresas pueden aumentar la confianza y la fidelidad de los clientes, empleados y partes interesadas al retribuir a sus comunidades. Las empresas pueden destacarse de sus rivales y producir una imagen de marca favorable mostrando un compromiso con los problemas sociales y ambientales.

Compromiso mejorado de los empleados El compromiso mejorado de la mano es un beneficio de la responsabilidad social comercial y la filantropía. Los estudios han demostrado que cuando las personas trabajan para un establecimiento que valora las cuestiones sociales y medioambientales, es más probable que estén comprometidas y motivadas. Las empresas pueden dar a sus trabajadores un sentido de dirección y sentido integrando la RSC y la caridad en sus prácticas comerciales.

La fidelidad del cliente aumenta Las empresas que otorgan una alta prioridad a la RSE y la caridad pueden aumentar la lealtad del cliente. Las empresas que comparten sus creencias y tienen un impacto saludable en la sociedad y el terreno son más propensas a admitir el apoyo del cliente. Las empresas pueden establecer conexiones duraderas con sus invitados haciendo coincidir sus valores con los de su público objetivo.

Las empresas que otorgan una alta prioridad a la RSE y la filantropía también tienen más probabilidades de atraer una fuerza laboral excelente. Los trabajadores son más proclives a desear trabajar para una asociación que prioriza los temas sociales y ambientales y tiene pretensiones que van más allá del éxito fiscal. Las empresas pueden retener y mantener a los mejores talentos integrando la RSE y la caridad en sus prácticas comerciales.

Formas de integración de la RSE y la filantropía para su negocio

Identifique sus valores Elegir sus valores es el primer paso para integrar la RSC y la caridad en su empresa. ¿Qué problemas ambientales y sociales son significativos para usted y su negocio? Una vez que haya determinado sus valores, puede comenzar a elaborar un plan de acción para abordar estos problemas.

Una excelente manera de retribuir a su comunidad y tener un impacto positivo es unirse a asociaciones sin fines de lucro. Busque ONG cuyas pretensiones y valores sean análogos a los suyos e imagine cómo pueden trabajar juntos en algunos sistemas o eventos. También puede pensar en dar una parte de sus ganancias a una organización benéfica en la que cree.

Ofrézcase como voluntario en su comunidad Retribuir a su comunidad y tener un impacto positivo en ella es posible a través del voluntariado. Anime a su personal a participar en aperturas de servicios comunitarios o originales sin fines de lucro, y piense en planificar días de recaudación de impuestos en toda la empresa.

Reduzca su huella ambiental Otro elemento fundamental de la RSE es la incorporación de prácticas comerciales sostenibles. Busque medidas para disminuir su impacto en el terreno, como hacer cumplir las normas de transporte ecológico.

Reducir los residuos y utilizar fuentes de energía renovables.

Apoyar la diversidad y la adición Otro elemento fundamental de la RSC es el apoyo a la diversidad y la inclusión. Considere fomentar la diversidad y la capacitación adicional, formar grupos de afinidad y ayudar a los grupos de recursos manuales como estrategias para fomentar una planta más diversa e inclusiva.

Fomente la donación proporcionando tiempo libre remunerado para el voluntariado o donaciones equivalentes a asociaciones sin fines de lucro. Esto puede mostrar su fidelidad a los problemas sociales y ambientales y ayudar a su empresa a fomentar una cultura de generosidad.

Eventualmente, agregar CSR y filantropía a su empresa puede tener un buen impacto en su vecindario, aumentar la fidelidad de los clientes, aumentar la moral de la mano, atraer obsequios superiores y mejorar su carácter. Puede hacer una empresa más sostenible e impulsada por el costo definiendo sus principios, uniéndose a organizaciones sin fines de lucro, ofreciéndose como voluntario en su comunidad, reduciendo su impacto ambiental, promoviendo la diversidad y la adición, y fomentando las donaciones manuales. Tenga en cuenta que ayudar a los demás no solo es ético, sino que también puede tener un impacto positivo a largo plazo en sus finanzas.

A continuación se entregan nuevos consejos para integrar la RSE y la caridad en su empresa. Haga que su cadena de fuerza sea social y ambientalmente responsable al tener en cuenta estos factores. Trabaje con proveedores que prioricen las prácticas éticas y sostenibles, y piense en establecer programas y pautas para sus proveedores para asegurarse de que cumplan con sus normas ambientales y sociales.

Mida e informe su impacto El seguimiento de su desarrollo e informar a las partes interesadas de sus logros puede ser más fácil midiendo e informando su impacto social y ambiental. Para cubrir su éxito, suponga el uso de medidas como emigraciones de carbono, reducción de basura y efecto comunitario.

Integre la RSE y la filantropía en la cultura de su empresa Puede lograr que su personal tenga un sentimiento de significado y propósito al integrar la RSE y la caridad en su cultura comercial. Considere organizar acondicionamiento o sistemas para toda la empresa que reflejen sus valores y exprese constantemente su apoyo a las causas sociales y ambientales.

Sea transparente y auténtico Es fundamental ser transparente y auténtico al integrar la RSE y la filantropía en su negocio. No se limite a participar en estos condicionamientos para mejorar su carácter. Haga un esfuerzo sincero para abordar los desafíos sociales y ambientales, y sea honesto y abierto cuando describa sus creencias y obtenga a sus partes interesadas.

Usted puede hacer una empresa más flexible e impulsada por los cargos imponiendo estas tácticas en su empresa. No olvide que ayudar a los demás no solo es moral, sino que también puede ser rentable para su empresa a largo plazo. Puede desarrollar una base de clientes devotos, noviciar un gran regalo y tener una influencia saludable en su vecindario y el mundo al dar prioridad a los problemas sociales y ambientales.

capitulo 19

Preparándose para el futuro: construyendo su estrategia de salida

Los empresarios deben considerar el futuro de su empresa; incluyendo cómo y cuándo quieren partir. Ya sea que se jubile, inicie un nuevo negocio o simplemente quiera cobrar, desarrollar una estrategia de salida puede ayudarlo a garantizar una transición sin problemas cuando llegue el momento de dejar su empresa. Esta composición examinará los rudimentos esenciales para crear una estrategia de salida exitosa.

Establecer sus pretensiones es la primera etapa en el desarrollo de una estrategia de salida. ¿Estás tratando de aumentar el valor de tu empresa? ¿Te preocupa el futuro de tu negocio? ¿Priorizas mantener a tu familia? Al definir sus pretensiones, puede elegir el curso de acción más elegante para su estrategia de salida.

Identificar estrategias de salida implícita Hay varias estrategias de salida implícita a tener en cuenta, como vender su empresa a un tercero, dar acciones a los trabajadores o miembros de la familia, o cotizar en bolsa. Considere qué sistema se adapta mejor a sus objetos porque cada uno tiene sus propias ventajas y desventajas.

Establezca el valor de su empresa Debe determinar el valor de su empresa para prepararse para una salida exitosa. Esto se puede lograr realizando un análisis de valoración, que considerará rudimentos como el desempeño financiero de su establecimiento, las tendencias de solicitud y las tendencias de asiduidad.

Prepare su establecimiento para el comercio Si tiene la intención de vender su establecimiento, es fundamental hacerlo lo antes posible. Esto puede mejorar sus informes fiscales, optimizar sus procesos comerciales y ampliar su clientela. Para ayudarlo a navegar el proceso de negociación, también puede pensar en contratar a un corredor o abogado.

Elabore un plan de carrera Es fundamental elaborar un plan de carrera si tiene la intención de traspasar el poder de su empresa a miembros de la familia oa los trabajadores. Esto debería implicar elegir reservas adecuadas, prepararlas para hacerse cargo de sus responsabilidades y establecer una fecha límite para la transferencia de energía.

Cubra su negocio Es fundamental proteger a su empresa contra peligros implícitos mientras se prepara para jubilarse. Para asegurarse de que sus intereses estén protegidos, esto puede implicar la revisión de sus documentos legales, como su acuerdo de accionistas o acuerdo operativo. Además, es posible que desee pensar en obtener un seguro para protegerse de cualquier responsabilidad.

Por último, pero no menos importante, es fundamental dejar que las partes interesadas cruciales; incluyendo trabajadores, invitados e inversionistas, conocer sus estrategias de salida. Esto asegurará una transición sin problemas y disminuirá cualquier posible dislocación de la empresa.

Esto lo ayudará a producir una estrategia de salida que lo ayudará a negociar sus objetivos y asegurar una transición sin problemas cuando llegue el momento de vender su negocio. Considere su estrategia de partida ahora porque nunca es demasiado pronto para comenzar a planificar el futuro.

A continuación se entrega información actualizada sobre cada uno de los procesos involucrados en la creación de una estrategia de salida exitosa.

El curso de acción óptimo para su estrategia de salida estará determinado por la facilidad con la que defina sus pretensiones. Por ejemplo, si desea maximizar el valor de su empresa, podría concentrarse en mejorar su desempeño fiscal y expandir su clientela. Encontrar un comprador que comparta sus creencias y su visión del establecimiento puede ser su objetivo principal si está molesto por la herencia de su asociación. Es posible que desee pensar en darle a un miembro de su familia el poder de la empresa si le preocupa el mobiliario para su familia.

Identificar posibles estilos de salida Hay varios estilos de salida posibles a tener en cuenta, cada uno con ventajas y desventajas propias. Un plan de salida popular es vender su empresa a un tercero, ya que puede obtener un buen retorno de su inversión. Otra opción es dar a los miembros de la familia o al personal el poder de la empresa, lo que puede ayudar a asegurar su viabilidad a largo plazo. Aunque salir a bolsa es una opción más complicada, podría darle acceso a menos respaldo y atención.

Establezca el valor de su empresa Debe determinar el valor de su empresa para prepararse para una salida exitosa. Esto se puede lograr realizando un análisis de valoración, que considerará rudimentos como el desempeño financiero de su establecimiento, las tendencias de solicitud y las tendencias de asiduidad. Una buena valoración puede ayudar a garantizar que se le pague un precio justo por su empresa.

Prepare su establecimiento para el comercio Si tiene la intención de vender su establecimiento, es fundamental hacerlo lo antes posible. Esto puede incluir mejorar sus informes fiscales, optimizar sus procesos comerciales y expandir su clientela. Para ayudarlo a navegar el proceso de acuerdos, también puede pensar en contratar a un corredor o abogado. Es fundamental ser abierto y honesto con los posibles huéspedes sobre las ventajas y desventajas de su empresa.

Elabore un plan de carrera Es fundamental elaborar un plan de negocios si tiene la intención de entregar el poder de su empresa a miembros de la familia oa los trabajadores. Esto debería implicar elegir reservas adecuadas, prepararlas para hacerse cargo de sus responsabilidades y establecer una fecha límite para la transferencia de energía. Para garantizar una transferencia de poder impecable, es posible que también desee pensar en crear un acuerdo de robo y venta.

Cubra su negocio Es fundamental proteger a su empresa contra peligros implícitos mientras se prepara para jubilarse. Para asegurarse de que sus intereses estén protegidos, esto puede implicar la revisión de sus documentos legales, como su acuerdo de accionistas o acuerdo operativo. Además, es posible que desee pensar en obtener un seguro para protegerse de cualquier responsabilidad.

Por último, pero no menos importante, es fundamental dejar que las partes interesadas cruciales; incluyendo trabajadores, invitados e inversionistas, conocer sus estrategias de salida. Esto asegurará una transición sin problemas y disminuirá cualquier posible dislocación de la empresa. Es fundamental ser abierto y veraz sobre sus pretensiones y compartir tanta información importante como pueda sobre el futuro de la empresa.

Se necesita tiempo y trabajo para desarrollar una estrategia de salida eficaz, pero hacerlo es fundamental para el éxito a largo plazo de su empresa. Puede ayudar a asegurar una transición sin problemas cuando sea el momento de dejar su negocio definiendo sus pretensiones, relacionando estrategias de salida implícitas, determinando el valor de su empresa, preparando su negocio para el comercio, desarrollando un plan de carrera, protegiendo su negocio y comunicando sus planes a partes interesadas cruciales.

capitulo 20

Lecciones aprendidas: reflexiones e ideas de emprendedores exitosos

Para los empresarios aspirantes y actuales, aprender de los errores de cálculo y los éxitos de los grandes empresarios puede ser una fuente invaluable de conocimiento. A continuación se presentan algunos cumplimientos y consejos de prósperos empresarios.

La continuidad vale la pena: La continuidad es uno de los rasgos más actuales entre los empresarios exitosos. Ante obstáculos o fracasos, no se dan por vencidos; más bien, continúan avanzando. Por ejemplo, Elon Musk, el creador de SpaceX y Tesla, soportó numerosos errores de cálculo y pérdidas antes de lograr el éxito con estos negocios.

Acepte el fracaso Si bien es común percibir el fracaso como algo malo, los empresarios exitosos lo ven como una ocasión para mejorar. Entienden que el fracaso es una parte normal del camino empresarial y lo utilizan como trampolín para el éxito venidero. El creador de Amazon, Jeff Bezos, por ejemplo, ha afirmado que "fracaso e invención son mitades gruesas".

Los empresarios exitosos ponen mucho esfuerzo en resolver problemas y satisfacer las demandas de sus invitados. Detectan problemas y producen remedios originales para solucionarlos. Por ejemplo, Sara Blakely, la creadora de Spanx, erigió su negocio a raíz de un problema que las mujeres presenciamos constantemente con la ropa interior convencional.

Figura Brigadas fuertes Los empresarios exitosos se dan cuenta de que no pueden manejar todo solos, por lo que se rodean de brigadas fuertes. Trabajan juntos para negociar sus objetos tras contratar a personas brillantes con capacidades recíprocas. En palabras de Mark Zuckerberg, el creador de Facebook, "lo más importante que deben hacer los empresarios es elegir buenas personas con las que trabajar".

Mantenga su inflexibilidad Los empresarios exitosos están preparados para aclimatarse y cambiar de rumbo cuando sea necesario. Ajustan su estrategia porque el terreno empresarial siempre está cambiando. El autor de Alibaba, Jack Ma, por ejemplo, comentó anteriormente: "Debes aprender de tu rival, pero no son indistinguibles. Copiar es la muerte".

Tome riesgos con cuidado mientras que los empresarios exitosos están dispuestos a correr riesgos, lo hacen con precaución. Antes de tomar una decisión, sopesan las trampas y los precios en relación unos con otros. Por ejemplo, cuando Steve Jobs, el cofundador de Apple, eligió producir el iPhone, aceptó una amenaza, pero valió la pena desinteresadamente.

Manténgase enfocado Los empresarios exitosos evitan ser desviados por objetos atractivos o ganancias rápidas permaneciendo concentrados en sus objetos. Tienen una idea clara de adónde quieren ir y permanecen casados con ella. Bill Gates, cofundador de Microsoft, dijo anteriormente: "Está bien celebrar el éxito, pero es más importante prestar atención a las lecciones del fracaso".

Alfabetización continua Los empresarios exitosos temen su ignorancia y laboriosamente buscan nueva información y estrategias. Para aumentar su conocimiento y mejorar sus inclinaciones, leen, asisten a conferencias y buscan mentores. A modo de ilustración, el magnate de los medios, Napoleón Oprah Winfrey, afirmó anteriormente que "la educación es la clave para liberar al mundo, un pasaporte a la libertad".

Mantenga su pasión Los empresarios exitosos están entusiasmados con lo que hacen y creen firmemente en el valor de los bienes o servicios que ofrecen. Están comprometidos a tener un impacto positivo en el mundo y están motivados por un sentido de propósito. Según el autor de Virgin Group, Richard Branson, "si te apasiona un producto básico y te agitas, es más probable que dediques el tiempo y las molestias para que sea un éxito".

En conclusión, obtener el conocimiento de grandes empresarios puede ofrecer consejos perspicaces y tareas que pueden dirigir su viaje empresarial. Los rasgos de los empresarios exitosos pueden actuar como una hoja de ruta para lograr el éxito en la empresa y en la vida, desde la perseverancia y la aceptación del fracaso hasta la resolución de problemas y el desarrollo de brigadas fuertes.

www.ingramcontent.com/pod-product-compliance
Lightning Source LLC
Chambersburg PA
CBHW070944260726
48661CB00003B/1113